CLASSIQUES LAROUSSE

Collection fondée en 1933 par FÉLIX GUIRAND
continuée par
LÉON LEJEALLE (1949 à 1968) et JEAN-POL CAPUT (1969 à 1972)
Agrégés des Lettres

ALPHONSE DAUDET

LETTRES DE MON MOULIN

choix de lettres

avec une Notice biographique, une Notice historique et littéraire,
des Notes explicatives, une Documentation thématique,
des Jugements, un Questionnaire et des Sujets de devoirs,

par

BERNARD PLUCHART-SIMON
Docteur ès-lettres

KU-273-841

LIBRAIRIE LAROUSSE

17, rue du Montparnasse, 75298 PARIS

RÉSUMÉ CHRONOLOGIQUE
DE LA VIE D'ALPHONSE DAUDET
1840-1897

1840 — Naissance, le 13 mai, à Nîmes, d'Alphonse Daudet, fils de Vincent Daudet, fabricant de soieries, et d'Adeline Raynaud, son épouse.

1844 — L'enfant, de santé délicate, est confié, de quatre à six ans, à des paysans de la campagne nîmoise, où il apprend le parler provençal.

1846 — De retour à Nîmes, Alphonse fait ses premières études chez les Frères de la Doctrine chrétienne, puis dans une école privée. Durant cette période assez heureuse, il lit de nombreux romans d'aventures, se passionne pour *Robinson Crusoé*, aime à jouer seul dans la fabrique de son père, que les événements vident peu à peu de ses ouvriers.

1849 — Les affaires du père allant de plus en plus mal, la famille quitte le Midi pour tenter sa chance à Lyon. D'abord affecté à la manécanterie de l'église Saint-Pierre de Nizier, Alphonse poursuit avec son frère Ernest, son aîné de trois ans, ses études au lycée. Élève brillant, il compose des vers et s'adonne au canotage sur la Saône.

1857 — La ruine de son père oblige le jeune homme à interrompre ses études sans passer le baccalauréat et à accepter, à dix-sept ans, **une place de « pion » au collège d'Alès.** Victime de ses élèves, il se fera renvoyer dans des circonstances assez mystérieuses. De cette expérience, Daudet retirera la matière de l'un de ses livres le plus émouvant : *le Petit Chose.* À Paris, où, le 1er novembre 1857, il se réfugie chez son frère Ernest (« la mère Jacques » du *Petit Chose*), 8, rue de Tournon, il ne tarde pas à se faire apprécier pour ses talents de poète et ses qualités de cœur.

1858 — Daudet publie un recueil de poésies, *les Amoureuses*, dont l'esprit déjà très parisien plaît au public et à l'impératrice Eugénie. Il débute dans le journalisme avec des chroniques et des contes dans *Paris-Journal* et *le Figaro*.

1860 — Daudet, qui a fait la **rencontre de Frédéric Mistral** à Paris en avril 1859, devient attaché de cabinet du duc de Morny. Avant d'entrer en fonctions, il effectue un voyage d'été en Provence, où il partage la vie de Mistral et de ses compagnons.

1861 — Il vit avec Marie Rieu, rue d'Amsterdam, écrit un drame en un acte : *la Dernière Idole*, puis, gravement malade, part pour le Midi et l'Algérie, où il reste trois mois.

1862 — Voyage en Corse de décembre à mars 1863. Hiver 1863-1864 chez les Ambroy, ses cousins de Montauban, près de Fontvieille, où il retrouve Mistral.

1865 — 10 mars, **mort du duc de Morny,** son protecteur. Daudet fait jouer l'*Œillet blanc* au Théâtre-français. Il se lie avec Paul Arène, qui collaborera aux *Lettres*. **Rencontre de Julia Allard,** qu'il épousera en 1867.

1866 — Les douze premières *Lettres de mon moulin* paraissent dans le journal l'*Événement*. Rédaction du *Petit Chose*. Ce livre, qui sortira en librairie en 1868, lui vaudra la sympathie et l'admiration de la France entière. *Le Figaro* publie une deuxième série de *Lettres* à partir de novembre 1868.

1869 — Échec au théâtre de *Lise Tavernier*. Publication chez Hetzel des *Lettres de mon moulin*.

1870 — Garde national au fort de Montrouge. Le 15 août, chevalier de la Légion d'honneur.

1872 — Publication de *Tartarin de Tarascon* chez Dentu. Échec au théâtre de l'*Arlésienne*, une pièce pour laquelle Bizet compose la musique de scène. Au cours de l'année 1873, *les Contes du lundi* paraissent en volume.

© *Librairie Larousse*, 1985.

ISBN 2-03-870195-4

1874 — Daudet publie successivement *Jack*, histoire d'un adolescent martyr, *Fromont jeune et Risler aîné*, *les Femmes d'artistes*, puis *le Nabab*, *mœurs parisiennes* (1876), *les Rois en exil* (1878), *Numa Roumestan*, description de « types » que, patient observateur et amateur de documents (comme les Goncourt), il a pu cataloguer.

1884 — Publication de *Sapho*, l'un de ses meilleurs titres, chez Charpentier. De nouveaux textes *(les Étoiles, les Douaniers, En Camargue, les Trois Messes basses)* son venus compléter les *Lettres*. Depuis 1879, **sa santé s'altère gravement :** il est atteint d'une maladie incurable de la moelle épinière. En 1855, il donne une suite à *Tartarin de Tarascon* : *Tartarin sur les Alpes*.

1887 — Daudet, ami des naturalistes et du groupe expérimental qui avait pris naissance chez Zola, à Médan, continue de publier, non sans garder ses distances avec le groupe dont il ne semble pas mettre en pratique les théories, *l'Immortel* (1888), satire des milieux académiques, *Trente Ans de Paris, souvenirs d'un homme de lettres* et la suite des aventures de Tartarin : *Port-Tarascon* (1890), livre qui renoue avec la tradition provençale.

1895 — Voyage à Londres, puis à Venise, où il craint de mourir. Par l'intermédiaire de Reynaldo Hahn, il s'intéresse au jeune Marcel Proust dont la psychologie et le charme le séduisent. Il publie *la Petite Paroisse*, étude des effets morbides de la jalousie, *le Trésor d'Arlatan*, un récit que J.-H. Bornecque qualifie de « freudien » avant Freud ; puis le languedocien *Trésor d'Arlatan*.

1897 — Il termine *Soutien de famille*, œuvre où il attaque sans le nommer le président de la République. Et **meurt le 16 décembre,** au terme de treize ans de souffrances physiques, à Paris.

Alphonse Daudet avait dix-neuf ans de moins que Flaubert, Champfleury et Baudelaire, dix-huit de moins qu'Edmond de Goncourt, douze de moins que Taine, dix ans de moins que Mistral, le même âge que Zola. Il avait deux ans de plus que Mallarmé, quatre de plus que Verlaine et A. France, huit de plus que Huysmans, dix de plus que Maupassant et que P. Loti, quatorze ans de plus que Rimbaud.

ALPHONSE DAUDET ET SON TEMPS

	la vie et l'œuvre d'Alphonse Daudet	le mouvement intellectuel et artistique	les événements politiques
1840	Naissance à Nîmes d'Alphonse Daudet.	Victor Hugo : *les Rayons et les Ombres*. G. Sand : *le Compagnon du tour de France*.	Monarchie de Juillet. Thiers. Ministère Guizot. Agitation bonapartiste.
1858	*Les Amoureuses*, poésies. Début dans le journalisme.	Lamartine : *la Chute d'un ange*. Michelet : *l'Amour*. Victor Hugo : *Ruy Blas*.	Attentat d'Orsini. Loi de sûreté générale.
1860	Rencontre de Frédéric Mistral à Paris en avril 1859. Secrétariat du duc de Morny. Voyage d'été en Provence.	Berthelot : *Chimie organique fondée sur la synthèse*.	Cavour envahit les États de l'Église.
1861	Vit avec Marie Rieu, rue d'Amsterdam. Au théâtre : *la Dernière Idole*. Gravement malade, Daudet part pour le Midi.	Baudelaire : 2° édition augmentée des *Fleurs du mal*. Sainte-Beuve : *Chateaubriand et son groupe littéraire*.	Lincoln président des États-Unis. Début de la guerre de Sécession. Abolition du servage en Russie.
1862	Voyage en Corse de déc. à mars 1863. Près de Fontvieille, il retrouve Mistral.	V. Hugo : *les Misérables*. E. Fromentin : *Dominique*. G. Flaubert : *Salammbô*.	Campagne du Mexique. Début de l'Empire libéral.
1865	Au Théâtre-Français : *l'Œillet blanc*. Se lie avec Paul Arène, qui collabore aux premières *Lettres*. Rencontre Julia Allard, sa future épouse.	Zola : *la Confession de Claude*. Cl. Bernard : *Introduction à la médecine expérimentale*. Manet : *Olympia*.	Entrevue de Biarritz entre Napoléon III et Bismarck. Fin de la guerre de Sécession aux États-Unis. Assassinat de Lincoln.
1866	Publication des douze premières *Lettres* dans *l'Événement*. Travaille au *Petit Chose*, publié en librairie en 1868.	Mallarmé : *Dix Poèmes* dans le Parnasse contemporain.	La Prusse écrase l'Autriche à Sadowa.
1869	Publication chez Hetzel des dix-neuf *Lettres de mon moulin*.	P. Verlaine : *Fêtes galantes*. Flaubert : *l'Éducation sentimentale*. R. Wagner : *l'Or du Rhin*.	Concessions libérales de Napoléon III : lois sur la presse. Inauguration du canal de Suez.
1870	Garde national au fort de Montrouge. Chevalier de la Légion d'honneur.	P. Verlaine : *la Bonne chanson*. H. Taine : *De l'intelligence*.	(1870-1871). Guerre franco-allemande. Chute de l'Empire. Commune de Paris.

1872	Tartarin de Tarascon. L'Arlésienne au théâtre. En 1873, les Contes du lundi, inspirés par le siège de Paris et la Commune.	Bizet : l'Arlésienne. V. Hugo : l'Année terrible.	Réaction après l'échec de la Commune de Paris : loi contre l'Internationale. Présidence de Thiers (1871-1873).
1874	Début de Jack, mœurs parisiennes. Fromont jeune, les Femmes d'artistes. Études et paysages.	Barbey d'Aurevilly : les Diaboliques. Flaubert : la Tentation de Saint-Antoine. César Franck : Rédemption.	Après l'échec de la tentative de restauration monarchique, mise en place des structures républicaines. Ministère Disraeli.
1876	Le Nabab, mœurs parisiennes.	Huysmans : Marthe. Mort de G. Sand. Zola : l'Assommoir (1877). Mallarmé : l'Après-midi d'un faune (1877).	Victoire des républicains aux élections législatives.
1879	Les Rois en exil. Il est atteint d'une maladie incurable de la moelle épinière.	Zola : Nana, le Roman expérimental (1880).	Élection de Jules Grévy à la présidence de la République. Alliance austro-allemande.
1881	Numa Roumestan, l'Évangéliste.	Huysmans : En ménage. A. France : le Crime de Sylvestre Bonnard.	Loi sur la liberté de la presse. Ministère Gambetta. Protectorat français sur la Tunisie. Assassinat du tsar Alexandre II.
1884	Sapho, mœurs parisiennes. Tartarin sur les Alpes en 1885.	Huysmans : À rebours. Massenet : Manon.	Loi sur les syndicats ouvriers. Premier ballon dirigeable du capitaine Renard.
1888	L'Immortel, Trente Ans de Paris, à travers ma vie et mes livres, Souvenirs d'un homme de lettres.	Maupassant : Pierre et Jean. Barrès : Sous l'œil des barbares. Fondation de l'Institut Pasteur.	Développement du boulangisme. Avènement de Guillaume II.
1890	Fin des aventures de Tartarin avec Port-Tarascon.	E. Renan : l'Avenir de la science. Barrès : le Culte du moi. W. James : Principes de psychologie.	1889 : Exposition universelle de Paris (tour Eiffel). Première manifestation du 1er mai.
1894	La Petite Paroisse.	A. France : le Lys rouge. Debussy : Prélude à l'après-midi d'un faune.	Succession de cabinets modérés. Condamnation du capitaine Dreyfus. Alliance franco-russe.
1895	Voyage à Londres et à Venise. Le Trésor d'Arlatan.	P. Valéry : Soirée avec M. Teste. En 1896 Proust : les Plaisirs et les Jours.	Présidence de Félix Faure. Conquête de Madagascar.
1897	Soutien de famille. Mort d'A. Daudet le 16 décembre, à Paris	(1896). Mort d'E. de Goncourt. Bergson : Matière et Mémoire. Gide : les Nourritures terrestres. Barrès : les Déracinés.	Affaire Dreyfus (1897-1906)

BIBLIOGRAPHIE SOMMAIRE

ÉDITIONS

Édition originale

Lettres de mon moulin. Impressions et souvenirs par Alphonse Daudet auteur du *Petit Chose* (Paris, Hetzel, 1869).

Édition définitive

Lettres de mon moulin. Impressions et souvenirs (Paris, Lemerre, 1879).

Éditions commentées

A. Daudet	*Lettres de mon moulin,* édition annotée et commentée par Jacques-Henry Bornecque, Paris, Fayard, 1948.
A. Daudet	*Lettres de mon moulin,* Classiques illustrés Hachette, notices par Jean Pierrot, notes et questions de Claude Jamet, 1968.
A. Daudet	*Lettres de mon moulin,* chronologie, préface et archives de l'œuvre par Colette Becker, Garnier-Flammarion, 1972.
A. Daudet	*Lettres de mon moulin,* préface de J.-H. Bornecque, Presses-Pocket, 1977.

OUVRAGES GÉNÉRAUX

Émile Zola	*les Romanciers naturalistes* (Charpentier, 1881).
Ernest Daudet	*Mon frère et moi* (Plon, 1882).
Frédéric Mistral	*Mes origines. Mémoires et Récits* (Plon, 1906).
Léon Daudet	*Quand vivait mon père* (Grasset, 1940).
Lucien Daudet	*Vie d'Alphonse Daudet* (Gallimard, 1941).
J.-H. Bornecque	*les Années d'apprentissage d'Alphonse Daudet* (Nizet, 1951).
Marcel Pagnol	*Trois « Lettres de mon moulin »,* adaptation et dialogues du film d'après l'œuvre d'Alphonse Daudet, Paris, Flammarion 1954 (« les Trois Messes basses », « l'Élixir du Père Gaucher », « le Secret de Maître Cornille », précédés d'un « Prologue » mettant en scène, autour de Daudet, le poète Roumanille, des paysans...).

Cahiers des Amis des Moulins d'A. Daudet (en vente au Moulin).

LETTRES
DE MON MOULIN

NOTICE

LA GENÈSE DES « LETTRES DE MON MOULIN »

Après une expérience de « pion », assez éprouvante, au collège d'Alès, Alphonse Daudet, futur auteur du *Petit Chose,* vient trouver refuge chez son frère aîné, dans un hôtel du Quartier latin. Nous sommes en 1857, Victor Hugo va donner *Ruy Blas* au théâtre ; le jeune Parisien d'adoption a juste dix-sept ans : le temps de se faire connaître, l'année suivante, par un recueil de poésies, *les Amoureuses,* qui plaira à l'impératrice Eugénie elle-même. Ce qui vaudra au jeune poète, déjà lancé dans les travaux de journalisme, d'entrer, en juin 1860, au service du duc de Morny, comme secrétaire attaché de cabinet. Du jour au lendemain, ce sera pour lui l'assurance d'une vie meilleure et d'un certain temps libre, qu'il mettra à profit pour retourner dans son cher Midi, dont il garde, malgré une vie brillante mais désordonnée, au fond de lui-même, la nostalgie.

De sorte que, avant même sa prise de fonction chez le duc, Daudet se rendra à Maillane, chez le poète Frédéric Mistral, dont il a fait quelques mois plus tôt la connaissance à Paris, et chez ses lointains cousins d'Ambroy de Montauban, près de Fontvieille, la terre des moulins. Puis, l'année suivante, en 1861, sur le conseil des médecins, il passera trois mois en Algérie. De décembre 1862 à mars 1863, il effectuera, pour raison de service, une tournée de surveillance de la douane le long des côtes de Corse, qui sera à la source de *Lettres* assez tardives, comme *le Phare des Sanguinaires* ou *les Douaniers.* Un troisième congé, durant l'hiver 1863-1864, donnera à Daudet l'occasion de retourner à Fontvieille et de revoir Frédéric Mistral et les autres félibres. Un séjour que tous les commentateurs estiment déterminant pour la genèse des *Lettres de mon moulin,* dont les premières ébauches figureront sous le titre de *Chroniques provençales.*

Malheureusement, la mort du duc en 1865 mettra vite fin à l'emploi de l'Administration. Pour le moment, Daudet, anticipant sur les promesses de son protecteur, se voit « Sous-Préfet aux champs », en conversation avec les oiseaux et les fleurs. Il est tout à la joie de retrouver Mistral, de dix ans son aîné : une personnalité qui a su grouper autour d'elle de jeunes talents comme Roumanille, Aubanel, Brunet et bien d'autres, aussi attachés que le célèbre auteur de *Mireille* (dont Lamartine vient de faire l'éloge) à la défense de la Provence, de ses traditions, de son peuple et de son parler. Pour tous ces jeunes gens enthousiastes, il ne s'agit rien moins que « rendre la vogue au provençal par l'influx et la flamme divine de la poésie » (Mistral).

C'est donc au contact de ces poètes que Daudet approfondira, comme l'écrira plus tard son fils Léon, ce « sens de la race », qui s'exprimera à l'évidence dans les *Lettres*. Remis par la grâce du voyage en présence d'une Provence profonde, où il retrouve des racines, Daudet pourra non seulement « renouer la chaîne des ancêtres », mais comprendre plus clairement, selon le même témoignage de son fils, que « le progrès, mot vague et bien douteux » ne suscite jamais que « les parties basses de l'intelligence ». Au tréfonds de l'être, gît une « mémoire obscure », capable de vibrer et de s'exalter « par la vue des mêmes paysages, la senteur des mêmes arômes, le toucher des mêmes meubles polis ». C'est déjà, bien des années avant l'entreprise de résurrection du passé de *la Recherche du temps perdu*, la théorie de la réminiscence chère à Marcel Proust, qui lui-même fréquentait les Daudet.

LA PUBLICATION

Les premières *Lettres de mon moulin* parurent en 1866, dans un journal parisien, l'*Événement*. Elles s'inscrivaient à la suite de « lettres fictives » sur les « dessous » de Paris, d'un premier texte paru dans le *Figaro* de Villemessant sur les déboires des maîtres d'études : *les Gueux de province*, ébauche du *Petit Chose*, d'une œuvrette qui n'obtint pas le succès escompté malgré son titre : *le Roman du Petit Chaperon rouge*, et de quelques « fantaisies ». Parallèlement à Mistral, un autre Provençal, venu de Sisteron, devait jouer dans la publication des premières *Lettres* un rôle non négligeable et discuté : le poète Paul Arène, alors répétiteur au lycée de Vanves. Ce dernier offrit à Daudet très amicalement sa collaboration. Quelle fut la part réelle prise par lui dans la rédaction des *Lettres ?* Laissons à Paul Arène lui-même le soin de répondre : « Sur les vingt-trois nouvelles de ton édition définitive, la moitié à peu près fut écrite par nous deux [...] Les autres ne me regardent en rien. Toi seul, toujours, en trouvas le jet et les grandes lignes. » Un témoignage qui devait départager les deux camps : principalement celui d'Octave Mirbeau, acharné à poursuivre les plagiats de notre auteur. Une telle collaboration explique la signature initiale des premières *Lettres* d'un pseudonyme emprunté à Balzac « Marie-Gaston » ; *Lettres* dont la publication s'échelonna sur bien des années, au fur et à mesure de leur envol littéraire et de leur caractère de moins en moins parisien. Puisque la première version de l'étrange conte de *l'Homme à la cervelle d'or* (« mythe moderne créé par Daudet de l'homme de lettres condamné à vivre de sa propre substance », écrit Bornecque) remonte à 1860. Aussi bien il fallut attendre six ans pour voir ré-apparaître avec *le Secret de Maître Cornille* une première version de la *Lettre*, d'abord intitulée « l'Honneur du Moulin ».

En 1866, l'*Événement* révéla au public successivement l'*Arlésienne*, la *Chèvre de M. Seguin*, les *Ballades en prose* et le *Curé de Cucugnan*. C'est seulement en 1868 que paraîtront dans *le Figaro* le texte *Installation*, qui ouvre le recueil, puis *la Diligence de Beaucaire* et *la Mule du pape*. Et, en 1869, l'année de la publication des *Lettres de mon moulin* en librairie : *le Phare des Sanguinaires*, l'*Élixir du Révérend Père Gaucher*.

Enfin, en 1873, sortiront dans le journal *le Bien public* : *les Douaniers*, *les Étoiles* ; et, en 1876 seulement, dans les *Contes du lundi*, *les Trois messes basses*. Daudet aura alors respectivement 33 et 36 ans.

Cet ordre de publication est celui que nous nous sommes efforcés de suivre dans la présente édition.

LE CONTENU ANECDOTIQUE, AFFECTIF ET MORAL DES « LETTRES »

Si le fantaisiste et charmant acte de vente de l'*Avant-Propos* n'est pas le premier texte rédigé, il préface néanmoins le recueil, par un choix littéraire, de préférence à un autre texte possible sur le Phare, deuxième symbole autour duquel la sensibilité et l'imagination du poète ont longuement tourné, au cours de ses voyages. Jusqu'à écrire, dans un rejet périodique de Paris : « J'avais d'abord songé à me faire gardien de phare. » Et à son ami Mistral, cette confidence : « Dans le phare des îles Sanguinaires j'ai vécu heureux. » Si Daudet s'est arrêté définitivement à la métaphore du moulin, c'est que ce dernier représente une puissance symbolique peut-être supérieure à celle du phare. Si le moulin plonge par ses assises dans la terre des ancêtres, il participe néanmoins par ses ailes, aux cieux et à la rotation des *étoiles*...

Pastiche d'un acte de vente authentique (« on pourrait trouver chez le notaire de Fontvieille un acte de vente resté à l'état de projet, mais dont je me suis servi pour faire l'avant-propos de mon livre », écrit l'auteur dans *Trente Ans de Paris*), ce texte liminaire est *appropriation* de poète. Aussi le moulin abandonné continuera de tourner pour une second vie grâce à des « travaux de poésie », d'un caractère pour le moins subversif, quand il s'agit, à travers un contraste savoureux, de l'emporter sur une langue figée et de donner libre cours à la fantaisie.

Le deuxième texte, *Installation*, écrit à Champrosay, près de Paris, en 1868, est tout empreint d'un bonheur « de vivre et de ne plus penser », tel que Daudet l'éprouva, quand il quitta Paris, en 1863, pour Fontvieille, conquis à nouveau par la Provence et le pays d'Arles. Fatigué de la vie parisienne, il pense d'abord à se recréer physiquement et spirituellement, à secouer « ses ailes grises de poussière », comme ce vieil hibou sinistre, à tête de penseur, sorte de double du poète, qui accueille, tout étonné, notre voyageur et ne le reconnaît pas !

Ce texte inaugural brille comme une renaissance possible. Il en a le bondissement alerte. Il est tout entier placé sous le signe de la joie et de l'amour des animaux et des choses, loin des hommes, dans une sorte de « recueillement », comme le voulait un poème de Baudelaire. C'est aussi un acte de foi en un avenir provençal, à porte grande ouverte au soleil, dans l'oubli d'un « Paris bruyant et noir », et la généreuse beauté provençale, d'où jaillissent à profusion impressions et souvenirs.

Avec le texte suivant, *le Secret de Maître Cornille* (1866), nous retrouvons bien sûr la Provence : poétique et humaine. Mais néanmoins menacée ; symbolisée ici par un vieux moulin nostalgique et abandonné : celui d'un meunier désolé, que le progrès industriel a réduit au chômage. En effet, vers 1860, la meunerie est en voie de transformation ; plusieurs minoteries à vapeur s'installent dans la région et disqualifient l'artisanat traditionnel. Le moulin, habité par les animaux amis de la *Lettre* précédente, devient ainsi le tragique symbole du déclassement du travailleur qui, du jour au lendemain, perd sa fierté. Le « secret » que cache le meunier est le perte de l'emploi, raison de vivre et de dignité aux yeux de l'entourage. Le voici voué au « mensonge », à l'obligation de faire *comme si* le malheur n'était pas venu. Chez Daudet on voit naître alors une certaine admiration devant la farouche rigidité provençale de la conception de l'honneur ; en même temps, une vive sympathie pour les victimes et les humiliés. Mais tout finit bien grâce à la solidarité entre eux des gens de la terre. Demeure la résignation des humbles devant l'inéluctable et la cruauté de l'existence, acceptée ici avec fatalisme. On retrouvera un tel sentiment pour les malheureux que le destin n'épargne pas, dans un texte de 1873 : *les Douaniers*.

Avec *l'Arlésienne*, de la même année 1866, Daudet utilise les archives de sa mémoire — un fait divers raconté naguère par Frédéric Mistral : la mort de l'un de ses neveux, victime de sa passion pour une jeune femme — pour peindre la tragique fatalité de l'amour dans un cœur simple. Un sujet qu'il rôde ici en prévision de sa pièce *l'Arlésienne*, qui sera représentée, en 1871, sans succès, malgré l'apport de la musique de scène de Bizet.

Puis vient, toujours en 1866, cet admirable apologue sur les conditions de la liberté que constitue l'étonnante aventure de la petite *Chèvre de M. Seguin*, qui se bat toute la nuit contre plus fort qu'elle, pour mourir au matin. Un des textes les plus riches de sens. Dans cette fable, qui semble sortie d'un livre de La Fontaine, Daudet se sert d'un animal — étrangement humanisé — pour donner une leçon aux poètes insouciants, comme lui-même pouvait l'être. On peut donc y voir une fine critique d'un certain idéalisme, commune à son siècle.

L'audace est de nous montrer que le courage — même inutile — peut être beau. Ce faisant l'auteur parvient au *sublime*, comme Alfred de Vigny dans « la Mort du loup ». Mais sans grandiloquence.

La *Lettre* suivante, *l'Homme à la cervelle d'or*, s'inscrit un peu dans le même registre. Le sujet reprend le thème romantique, déjà traité six ans auparavant par Daudet, de l'homme de lettres condamné à vivre de son « cerveau » et de sa « moelle ». Une image d'autant plus poignante qu'on sait que Daudet sera atteint en 1879 d'un cancer de la moelle épinière. Cette *Lettre*, elle, fait songer au *Pélican* d'Alfred de Musset, voire à *la Peau de chagrin* de Balzac. L'homme de génie est voué au sacrifice de lui-même, jusqu'à donner sa vie.

La Diligence de Beaucaire, en 1868, n'est pas non plus dénuée de tragique. La scène décrite ici est le rapport d'un observateur engagé, qui pressent, sous les railleries des autres voyageurs, la venue d'un drame, toujours possible entre des hommes prisonniers de leur conception également rigide de l'honneur.

Illustration animée d'un dicton populaire, *la Mule du pape* renoue avec la fantaisie, qui se donne alors libre cours dans une évocation historique, menée sur un rythme de farandole. Une mule plus qu'humaine ne pardonne pas à de vilains garnements les mauvais traitements qu'ils lui ont infligés sept ans auparavant. Une moralité tonifiante se dégage de cette *Lettre* : on ne lèse pas impunément plus faible que soi.

Les deux *Ballades en prose* suivantes, de 1868 aussi, sont placées sous le signe de la fantaisie germanique et reprennent des thèmes chers à Daudet : celui de la véritable place dans le monde d'un enfant-prince qui ne veut renoncer en rien à ses privilèges *(la Mort du Dauphin)* ; et celui de l'indépendance, chère au cœur du poète et de tous les hommes dont il semble que la vocation soit le bonheur *(le Sous-Préfet aux champs)*.

Transposition « provençalisée » d'une aventure vécue réellement à Chartres par Daudet, quelques années plus tôt, *les Vieux*, texte écrit en 1868, exprime toute la sympathie attendrie de l'auteur pour ceux que la vie a exclus et relégués dans un oubli presque total.

De 1869, *le Phare des Sanguinaires* relate aussi une expérience vécue, lorsque Daudet, après avoir quitté Paris pour des raisons de santé, fit retraite tout un mois dans un phare des îles Sanguinaires et partagea la vie des gardiens. Ce récit exprime le même besoin de solitude et de retranchement du monde, que le moulin aura lui aussi la charge de symboliser. Pour dire la griserie qu'éprouve l'âme dans la contemplation de la mer, Daudet trouve des accents qui rappellent Rousseau dans sa célèbre *Rêverie sur le lac*. Mais, très vite, la condition humaine, les considérations sur les vies parallèles des Corses et des Marseillais requièrent l'attention du rêveur. Ainsi Daudet apprend-il à connaître, par le voyage, les hommes dans leur réalité quotidienne, sur laquelle semble peser, en maître absolu, une morne et tragique fatalité, comme ce sera aussi le cas dans le texte suivant, intitulé *les Douaniers,* de 1873.

Ici Daudet s'attache surtout à peindre la bonne humeur et l'héroïsme au jour le jour des gens des ports, dont il a pu observer, lors d'une tournée de surveillance le long des côtes corses, les coutumes et les rudes conditions de vie. N'était la pitié dont le regard ne se sépare jamais, de telles descriptions nous font songer, par certains côtés, à Mérimée ou à Maupassant, voire à l'école naturaliste, dont Daudet à vrai dire partagea peu les théories.

Le berger des *Étoiles,* en 1873, rejoint le poète dans le même idéal de pureté. Au sujet traité par Frédéric Mistral dans l'*Almanach provençal* sous le titre « Excursion dans les étoiles », s'ajoute, du point de vue littéraire, une trouvaille d'une incontestable poésie : celle du berger secrètement amoureux de sa jeune maîtresse (idée développée par Daudet dans sa pièce l'*Arlésienne* de 1871), qui s'endort sur l'épaule du pâtre comme « la plus belle des étoiles : une étoile humaine », écrit bellement J.-H. Bornecque dans sa Préface aux *Lettres*.

Avec *les Trois Messes basses,* texte tiré des *Contes du lundi* (1876) et sous-titré « Conte de Noël », Daudet revient à la verve satirique de *la Mule du pape* ou du *Curé de Cucugnan* (textes adaptés librement des poètes provençaux), une veine qui lui est en quelque sorte naturelle par ses attaches provençales, son enfance paysanne, pour ainsi dire *païenne,* par ses impressions et souvenirs de jeune homme. La bonne humeur triomphe. Même si on s'amuse aux dépens des gens d'Église (une tradition populaire qui remonte aux fabliaux) ou d'autrui, c'est généralement sans méchanceté et pour rire, contre le destin.

Aussi bien la peinture des déshérités, de leur héroïsme quotidien ne s'accompagne d'aucune revendication ou critique sociale. L'effet esthétique en est-il diminué ?

LA MAGIE D'UN STYLE

Absence de revendication et de grandiloquence, d'emphase, telles sont en négatif les vertus d'un style dont la qualité première semble être le timbre, l'*accent,* comme Barbey d'Aurevilly l'a bien vu dès la publication. Un accent qui prendrait sa source, selon le même critique, dans « la profondeur de l'impression », pour nous si voisine de l'émotion, que nous rendent, dans une sorte de spontanéité, les descriptions et les dialogues. Une profondeur d'impression, d'où remontent à la surface — qui est celle de l'écriture —, restitués dans leur fraîcheur, sensations et souvenirs. Telle est l'une des causes du charme prenant de textes comme *Installation, le Secret de Maître Cornille, la Chèvre de M. Seguin, les Étoiles* et d'autres qui sont les poèmes d'une mémoire exaltée.

Dans les textes plus satiriques — comme *la Mule du pape* — le regard et la voix du narrateur semblent se confondre avec ceux du peuple dont le parler traditionnel nous est rendu dans sa richesse inventive et sa force comique, à l'aide d'un vocabulaire aussi pittoresque qu'approprié à la diversité des situations et des « genres » utilisés.

En effet, la variété des langages épouse ici la variété de « genre » des *Lettres*, qui empruntent tour à tour aux genres littéraires convenus, qu'elles rajeunissent à leur manière. On rencontre aussi bien des récits lyriques, des contes fantastiques, des fables, des comédies et tragédies que des ballades en prose ou des récits-tableaux à la façon des peintres procédant par petites touches de couleurs. Termes locaux et expressions méridionales, personnifications d'animaux ou d'objets, détails cocasses, caractère extra-temporel de certaines situations, sens de la féerie entraînent le *ton* des *Lettres* : successivement enjoué, attendri, ironique ou triste, voire pathétique, mais en définitive si particulier ; leur rythme : lent et cadencé dans les descriptions et la rêverie, vif et rapide dans les scènes où dominent l'action ou l'émotion. Pour composer finalement, dans la plupart des cas, un style, qui est celui de la conversation familière, une langue parlée, faite pour être lue à haute voix, avec « l'assent », comme Fernandel, par exemple, savait nous réciter certaines *Lettres*.

LA PORTÉE DES « LETTRES DE MON MOULIN »

Par leur mélange, savamment dosé, de fantaisie et de réalité, leur ton propre, la poésie qui s'en dégage, les *Lettres de mon moulin* ont acquis une renommée universelle. Chacun connaît aujourd'hui l'émouvante histoire de *la Chèvre de M. Seguin* et garde en mémoire l'inoubliable drôlerie de *la Mule du pape*. Elles ont fait le tour du monde.

Tous ceux qui ont lu les *Lettres* avec attention s'accordent pour souligner l'exceptionnel don de sympathie du poète pour les êtres vivants et inanimés ; ils se sont laissé conduire volontiers dans le monde merveilleux où les bêtes vivent et parlent comme des hommes. Comme les l'avaient fait jadis avec La Fontaine. Une telle empreinte sur la sensibilité du public le plus large, nous la devons sans doute à l'extraordinaire faculté d'émotion de Daudet, au don qu'il possédait de *s'incarner* dans d'autres êtres, en particulier les gens simples, les victimes, qui attendaient, avec le poète, leur interprète, leur *voix*. Par-delà le sourire et la pitié, la gaieté et les larmes, la tendresse et l'humour, chacun pourra retrouver encore dans les *Lettres de mon moulin* ce sentiment de la fraternité dont Baudelaire se faisait le chantre sensiblement à la même époque. Un sentiment qui n'a pas fini de faire fortune en littérature ! Grâce à l'habileté du conteur Daudet, il ne cesse d'habiter pour nous la terre de Provence, comme les ailes d'un moulin tutélaire, broyeur de fine fleur de froment et de rêve.

Carjat.

ALPHONSE DAUDET EN 1870.

AVANT-PROPOS

Par-devant maître Honorat Grapazi, notaire à la résidence de Pampérigouste[1],

« A comparu :

« Le sieur Gaspard Mitifio, époux de Vivette Cornille, *ménager*[2] au lieudit des Cigalières et y demeurant ;

« Lequel par ces présentes a vendu et transporté sous les garanties de droit et de fait, et en franchise de toutes dettes, privilèges et hypothèques,

« Au sieur Alphonse Daudet, poète, demeurant à Paris, à ce[3] présent et ce acceptant,

« Un moulin à vent et à farine, sis dans la vallée du Rhône, au plein cœur de Provence sur une côte boisée de pins et de chênes verts ; étant ledit moulin abandonné depuis plus de vingt années et hors d'état de moudre, comme il appert[4] des vignes sauvages, mousses, romarins, et autres verdures parasites qui lui grimpent jusqu'au bout des ailes ;

« Ce nonobstant, tel qu'il est et se comporte, avec sa grande roue cassée, sa plate-forme où l'herbe pousse dans les briques, déclare le sieur Daudet trouver ledit moulin à sa convenance et pouvant servir à ses travaux de poésie, l'accepte à ses risques et périls, et sans aucun recours contre le vendeur, pour cause de réparations qui pourraient y être faites.

« Cette vente a lieu en bloc moyennant le prix convenu, que le sieur Daudet, poète, a mis et déposé sur le bureau en espèces de cours, lequel prix a été de suite touché et retiré par le sieur Mitifio, le tout à la vue des notaires et des témoins soussignés, dont quittance sous réserve.

« Acte fait à Pampérigouste, en l'étude Honorat, en présence de Francet Mamaï, joueur de fifre[5], et de Louiset dit le Quique, porte-croix des pénitents blancs ;

« Qui ont signé avec les parties et le notaire après lecture... »

---

1. *Pampérigouste* : pays imaginaire, comme *Cigalières,* plus bas ; **2.** *Ménager* (mot provençal, de *mas,* ferme, maison de campagne) : cultivateur propriétaire d'un *mas ;* **3.** *Ce :* cela. Le style des notaires et autres gens de loi est truffé de formules archaïques, comme *sieur :* monsieur ; *lequel :* qui ; *sis :* situé ; **4.** *Il appert :* archaïsme : il ressort avec évidence ; **5.** *Fifre :* petite flûte percée de six trous.

INSTALLATION

Ce sont les lapins qui ont été étonnés !... Depuis si longtemps
qu'ils voyaient la porte du moulin fermée, les murs et la
plate-forme envahis par les herbes, ils avaient fini par croire
que la race des meuniers était éteinte, et, trouvant la place
5 bonne, ils en avaient fait quelque chose comme un quartier
général, un centre d'opérations stratégiques : le moulin de
Jemmapes[6] des lapins... La nuit de mon arrivée, il y en avait
bien, sans mentir, une vingtaine assis en rond sur la plate-forme,
en train de se chauffer les pattes à un rayon de lune... Le temps
10 d'entrouvrir une lucarne, frrt ! voilà le bivouac[7] en déroute,
et tous ces petits derrières blancs qui détalent, la queue en l'air,
dans le fourré. J'espère bien qu'ils reviendront.

Quelqu'un de très étonné aussi, en me voyant, c'est le
locataire du premier, un vieux hibou sinistre, à la tête de
15 penseur, qui habite le moulin depuis plus de vingt ans. Je l'ai
trouvé dans la chambre du haut, immobile et droit sur l'arbre
de couche[8], au milieu des plâtras, des tuiles tombées. Il m'a
regardé un moment avec son œil rond ; puis, tout effaré de
ne pas me reconnaître, il s'est mis à faire : « Hou ! Hou ! »
20 et à secouer péniblement ses ailes grises de poussière ; — ces
diables de penseurs ! ça ne se brosse jamais... N'importe ! tel
qu'il est, avec ses yeux clignotants et sa mine renfrognée, ce
locataire silencieux me plaît encore mieux qu'un autre, et je
me suis empressé de lui renouveler son bail. Il garde comme
25 dans le passé tout le haut du moulin avec une entrée par le
toit ; moi je me réserve la pièce du bas, une petite pièce blanchie
à la chaux, basse et voûtée comme un réfectoire de couvent.

★

C'est de là que je vous écris, ma porte grande ouverte, au
bon soleil.
30 Un joli bois de pins tout étincelant de lumière dégringole
devant moi jusqu'au bas de la côte. À l'horizon, les Alpilles

---

6. *Jemmapes :* bataille gagnée par Dumouriez sur les Autrichiens en 1792 ; 7. *Bivouac :*
campement militaire en campagne ; 8. *L'arbre de couche :* maîtresse poutre mise
directement en mouvement par la machine motrice.

découpent leurs crêtes fines... Pas de bruit... À peine, de loin
en loin, un son de fifre, un courlis[9] dans les lavandes, un grelot
de mules sur la route... Tout ce beau paysage provençal ne
35 vit que par la lumière.

Et maintenant, comment voulez-vous que je le regrette, votre
Paris bruyant et noir ? Je suis si bien dans mon moulin ! C'est
si bien le coin que je cherchais, un petit coin parfumé et chaud,
à mille lieues des journaux, des fiacres, du brouillard !... Et que
40 de jolies choses autour de moi ! Il y a à peine huit jours que
je suis installé, j'ai déjà la tête bourrée d'impressions et de
souvenirs... Tenez ! pas plus tard qu'hier soir, j'ai assisté à la
rentrée des troupeaux dans un *mas* (une ferme) qui est au bas
de la côte, et je vous jure que je ne donnerais pas ce spectacle
45 pour toutes les *premières*[10] que vous avez eues à Paris cette
semaine. Jugez plutôt.

Il faut vous dire qu'en Provence, c'est l'usage, quand
viennent les chaleurs, d'envoyer le bétail dans les Alpes. Bêtes
et gens passent cinq ou six mois là-haut, logés à la belle étoile,
50 dans l'herbe jusqu'au ventre ; puis, au premier frisson de
l'automne, on redescend au *mas,* et l'on revient brouter
bourgeoisement les petites collines grises que parfume le
romarin... Donc hier soir les troupeaux rentraient. Depuis le
matin, le portail attendait, ouvert à deux battants ; les bergeries
55 étaient pleines de paille fraîche. D'heure en heure on se disait :
« Maintenant ils sont à Eyguières, maintenant au Paradou[11]. »
Puis, tout à coup, vers le soir, un grand cri : « Les voilà ! »
et là-bas, au lointain, nous voyons le troupeau s'avancer dans
une gloire de poussière. Toute la route semble marcher avec
60 lui... Les vieux béliers viennent d'abord, la corne en avant, l'air
sauvage ; derrière eux le gros des moutons, les mères un peu
lasses, leurs nourrissons dans les pattes ; — les mules à
pompons rouges portant dans des paniers les agnelets d'un jour
qu'elles bercent en marchant ; puis les chiens tout suants, avec
65 des langues jusqu'à terre, et deux grands coquins de bergers
drapés dans des manteaux de cadis[12] roux qui leur tombent
sur les talons comme des chapes.

Tout cela défile devant nous joyeusement et s'engouffre sous
le portail, en piétinant avec un bruit d'averse... Il faut voir quel

---

9. *Courlis :* échassier à long cou dont le cri est une sorte de sifflement ; 10. *Les premières :* premières représentations d'une pièce de théâtre nouvelle. Daudet est un habitué du théâtre ; 11. *Paradou :* nom de lieu fréquent en Provence. Un *paradou* est un moulin à foulon ; 12. *Cadis :* étoffe de laine grossière.

70 émoi dans la maison. Du haut de leur perchoir, les gros paons vert et or, à crête de tulle, ont reconnu les arrivants et les accueillent par un formidable coup de trompette. Le poulailler, qui s'endormait, se réveille en sursaut. Tout le monde est sur pied : pigeons, canards, dindons, pintades. La basse-cour est 75 comme folle ; les poules parlent de passer la nuit !... On dirait que chaque mouton a rapporté dans sa laine, avec un parfum d'Alpe sauvage, un peu de cet air vif des montagnes qui grise et qui fait danser.

C'est au milieu de tout ce train que le troupeau gagne son 80 gîte. Rien de charmant comme cette installation. Les vieux béliers s'attendrissent en revoyant leur crèche. Les agneaux, les tout petits, ceux qui sont nés dans le voyage et n'ont jamais vu la ferme, regardent autour d'eux avec étonnement.

Mais le plus touchant encore, ce sont les chiens, ces braves 85 chiens de berger, tout affairés après leurs bêtes et ne voyant qu'elles dans le *mas*. Le chien de garde a beau les appeler au fond de sa niche ; le seau du puits, tout plein d'eau fraîche, a beau leur faire signe : ils ne veulent rien voir, rien entendre, avant que le bétail soit rentré, le gros loquet poussé sur la petite 90 porte à claire-voie, et les bergers attablés dans la salle basse. Alors seulement ils consentent à gagner le chenil, et là, tout en lapant leur écuellée de soupe, ils racontent à leurs camarades de la ferme ce qu'ils ont fait là-haut dans la montagne, un pays noir où il y a des loups et de grandes digitales de pourpre pleines 95 de rosée jusqu'au bord.

LE SECRET DE MAÎTRE CORNILLE

Francet Mamaï, un vieux joueur de fifre, qui vient de temps en temps faire la veillée chez moi, en buvant du vin cuit, m'a raconté l'autre soir un petit drame de village dont mon moulin a été témoin il y a quelque vingt ans. Le récit du bonhomme 5 m'a touché, et je vais essayer de vous le redire tel que je l'ai entendu.

Imaginez-vous pour un moment, chers lecteurs, que vous êtes assis devant un pot de vin cuit tout parfumé, et que c'est un vieux joueur de fifre qui vous parle.

10 Notre pays, mon bon monsieur, n'a pas toujours été un endroit mort et sans refrains comme il est aujourd'hui. Auparavant, il s'y faisait un grand commerce de meunerie, et, dix lieues à la ronde, les gens des *mas* nous apportaient leur blé à moudre... Tout autour du village, les collines étaient 15 couvertes de moulins à vent. De droite et de gauche, on ne voyait que des ailes qui viraient au mistral par-dessus les pins, des ribambelles de petits ânes chargés de sacs, montant et dévalant le long des chemins ; et toute la semaine c'était plaisir d'entendre sur la hauteur le bruit des fouets, le craquement 20 de la toile et le *Dia hue !* des aides-meuniers... Le dimanche nous allions aux moulins, par bandes. Là-haut, les meuniers payaient le muscat. Les meunières étaient belles comme des reines, avec leurs fichus de dentelles et leurs croix d'or. Moi, j'apportais mon fifre, et jusqu'à la noire nuit on dansait des 25 farandoles[13]. Ces moulins-là, voyez-vous, faisaient la joie et la richesse de notre pays.

Malheureusement, des Français de Paris eurent l'idée d'établir une minoterie à vapeur, sur la route de Tarascon. Tout beau, tout nouveau ! Les gens prirent l'habitude d'envoyer leurs 30 blés aux minotiers, et les pauvres moulins à vent restèrent sans ouvrage. Pendant quelque temps ils essayèrent de lutter, mais la vapeur fut la plus forte, et l'un après l'autre, *pécaïre*[14] ! ils

---

13. *Farandoles* : danses provençales que l'on exécute au son du fifre et du tambourin ; 14. *Pécaïre* : exclamation languedocienne voisine du marseillais *peuchère !*

furent tous obligés de fermer... On ne vit plus venir les petits
ânes... Les belles meunières vendirent leurs croix d'or... Plus
35 de muscat ! Plus de farandole !... Le mistral avait beau souffler,
les ailes restaient immobiles... Puis, un beau jour, la commune
fit jeter toutes ces masures à bas, et l'on sema à leur place de
la vigne et des oliviers.

Pourtant, au milieu de la débâcle, un moulin avait tenu bon
40 et continuait de virer courageusement sur sa butte, à la barbe
des minotiers. C'était le moulin de maître Cornille, celui-là
même où nous sommes en train de faire la veillée en ce moment.

★

Maître Cornille était un vieux meunier, vivant depuis
soixante ans dans la farine et enragé pour son état.
45 L'installation des minoteries l'avait rendu comme fou. Pendant
huit jours, on le vit courir par le village, ameutant tout le monde
autour de lui et criant de toutes ses forces qu'on voulait
empoisonner la Provence avec la farine des minotiers. « N'allez
pas là-bas, disait-il ; ces brigands-là, pour faire le pain, se
50 servent de la vapeur qui est une invention du diable, tandis
que moi je travaille avec le mistral et la tramontane[15], qui sont
la respiration du bon Dieu... » Et il trouvait comme cela une
foule de belles paroles à la louange des moulins à vent, mais
personne ne les écoutait.
55 Alors, de male rage, le vieux s'enferma dans son moulin et
vécut tout seul comme une bête farouche. Il ne voulut pas même
garder près de lui sa petite-fille Vivette, une enfant de quinze
ans, qui, depuis la mort de ses parents, n'avait plus que son
grand[16] au monde. La pauvre petite fut obligée de gagner sa
60 vie et de se louer un peu partout dans les *mas*, pour la moisson,
les magnans ou les olivades. Et pourtant son grand-père avait
l'air de bien l'aimer, cette enfant-là. Il lui arrivait souvent de
faire ses quatre lieues à pied par le grand soleil pour aller la
voir au *mas* où elle travaillait, et quand il était près d'elle, il
65 passait des heures entières à la regarder en pleurant...

Dans le pays on pensait que le vieux meunier, en renvoyant
Vivette, avait agi par avarice ; et cela ne lui faisait pas honneur
de laisser sa petite-fille ainsi traîner d'une ferme à l'autre,
exposée aux brutalités des *baïles*[17], et à toutes les misères des

---

15. *Mistral* : vent froid et sec soufflant dans la vallée du Rhône ; *tramontane* : vent
du nord en Méditerranée, particulièrement dans le Languedoc et le Roussillon ;
16. *Grand* : provençal : grand-père ; 17. *Baïles* : provençal : chefs des ouvriers.

70 jeunesses en condition. On trouvait très mal aussi qu'un homme du renom de maître Cornille, et qui, jusque-là, s'était respecté, s'en allât maintenant par les rues comme un vrai bohémien, pieds nus, le bonnet troué, la taillole[18] en lambeaux... Le fait est que le dimanche, lorsque nous le voyions entrer à la messe,
75 nous avions honte pour lui, nous autres les vieux ; et Cornille le sentait si bien qu'il n'osait plus venir s'asseoir sur le banc d'œuvre. Toujours il restait au fond de l'église, près du bénitier, avec les pauvres.

Dans la vie de maître Cornille il y avait quelque chose qui
80 n'était pas clair. Depuis longtemps personne, au village, ne lui portait plus de blé, et pourtant les ailes de son moulin allaient toujours leur train comme devant... Le soir, on rencontrait par les chemins le vieux meunier poussant devant lui son âne chargé de gros sacs de farine.

85 « Bonnes vêpres, maître Cornille ! lui criaient les paysans ; ça va donc toujours, la meunerie ?

— Toujours, mes enfants, répondait le vieux d'un air gaillard. Dieu merci, ce n'est pas l'ouvrage qui nous manque. »

Alors, si on lui demandait d'où diable pouvait venir tant
90 d'ouvrage, il se mettait un doigt sur les lèvres et répondait gravement : « *Motus !* je travaille pour l'exportation... » Jamais on n'en put tirer davantage.

Quant à mettre le nez dans son moulin, il n'y fallait pas songer. La petite Vivette elle-même n'y entrait pas...
95 Lorsqu'on passait devant, on voyait la porte toujours fermée, les grosses ailes toujours en mouvement, le vieil âne broutant le gazon de la plate-forme, et un grand chat maigre qui prenait le soleil sur le rebord de la fenêtre et vous regardait d'un air méchant.

100 Tout cela sentait le mystère et faisait beaucoup jaser le monde. Chacun expliquait à sa façon le secret de maître Cornille, mais le bruit général était qu'il y avait dans ce moulin-là encore plus de sacs d'écus que de sacs de farine.

À la longue pourtant tout se découvrit ; voici comment :
105 En faisant danser la jeunesse avec mon fifre, je m'aperçus un beau jour que l'aîné de mes garçons et la petite Vivette s'étaient rendus amoureux l'un de l'autre. Au fond je n'en fus pas fâché, parce qu'après tout le nom de Cornille était en

---

18. *Taillole :* provençal : large ceinture de laine qu'on s'enroule autour de la taille.

honnuer chez nous, et puis ce joli petit passereau de Vivette
110 m'aurait fait plaisir à voir trotter dans ma maison. Seulement,
comme nos amoureux avaient souvent occasion d'être ensemble, je voulus, de peur d'accidents, régler l'affaire tout de suite,
et je montai jusqu'au moulin pour en toucher deux mots au
grand-père... Ah ! le vieux sorcier ! il faut voir de quelle manière
115 il me reçut ! Impossible de lui faire ouvrir sa porte. Je lui
expliquai mes raisons tant bien que mal, à travers le trou de la
serrure ; et tout le temps que je parlais, il y avait ce coquin de chat
maigre qui soufflait comme un diable au-dessus de ma tête.

Le vieux ne me donna pas le temps de finir, et me cria fort
120 malhonnêtement de retourner à ma flûte ; que, si j'étais pressé
de marier mon garçon, je pouvais bien aller chercher des filles
à la minoterie... Pensez que le sang me montait d'entendre ces
mauvaises paroles ; mais j'eus tout de même assez de sagesse
pour me contenir, et, laissant ce vieux fou à sa meule, je revins
125 annoncer aux enfants ma déconvenue... Ces pauvres agneaux
ne pouvaient pas y croire ; ils me demandèrent comme une
grâce de monter tous deux ensemble au moulin, pour parler
au grand-père... Je n'eus pas le courage de refuser, et prrt !
voilà mes amoureux partis.

130 Tout juste comme ils arrivaient là-haut, maître Cornille
venait de sortir. La porte était fermée à double tour ; mais le
vieux bonhomme, en partant, avait laissé son échelle dehors,
et tout de suite l'idée vint aux enfants d'entrer par la fenêtre,
voir un peu ce qu'il y avait dans ce fameux moulin...

135 Chose singulière ! la chambre de la meule était vide... Pas
un sac, pas un grain de blé ; pas la moindre farine aux murs
ni sur les toiles d'araignée... On ne sentait pas même cette bonne
odeur chaude de froment écrasé qui embaume dans les
moulins... L'arbre de couche était couvert de poussière, et le
140 grand chat maigre dormait dessus.

La pièce du bas avait le même air de misère et d'abandon :
un mauvais lit, quelques guenilles, un morceau de pain sur une
marche d'escalier, et puis dans un coin trois ou quatre sacs
crevés d'où coulaient des gravats et de la terre blanche.

145 C'était là le secret de maître Cornille ! C'était ce plâtras qu'il
promenait le soir par les routes, pour sauver l'honneur du
moulin et faire croire qu'on y faisait de la farine... Pauvre
moulin ! Pauvre Cornille ! Depuis longtemps les minotiers leur
avaient enlevé leur dernière pratique. Les ailes viraient
150 toujours, mais la meule tournait à vide.

Les enfants revinrent tout en larmes, me conter ce qu'ils avaient vu. J'eus le cœur crevé de les entendre... Sans perdre une minute, je courus chez les voisins, je leur dis la chose en deux mots, et nous convînmes qu'il fallait, sur l'heure, porter
155 au moulin de Cornille tout ce qu'il y avait de froment dans les maisons... Sitôt dit, sitôt fait. Tout le village se met en route, et nous arrivons là-haut avec une procession d'ânes chargés de blé —, du vrai blé, celui-là !

Le moulin était grand ouvert... Devant la porte, maître
160 Cornille, assis sur un sac de plâtre, pleurait, la tête dans ses mains. Il venait de s'apercevoir, en rentrant, que pendant son absence on avait pénétré chez lui et surpris son triste secret.

« Pauvre de moi ! disait-il. Maintenant, je n'ai plus qu'à mourir... Le moulin est déshonoré. »
165 Et il sanglotait à fendre l'âme, appelant son moulin par toutes sortes de noms, lui parlant comme à une personne véritable.

À ce moment les ânes arrivent sur la plate-forme, et nous nous mettons tous à crier bien fort comme au beau temps des
170 meuniers :

« Ohé ! du moulin !... Ohé ! maître Cornille ! »

Et voilà les sacs qui s'entassent devant la porte et le beau grain roux qui se répand par terre, de tous côtés...

Maître Cornille ouvrait de grands yeux. Il avait pris du blé
175 dans le creux de sa vieille main et il disait, riant et pleurant à la fois :

« C'est du blé !... Seigneur Dieu !... Du bon blé ! Laissez-moi que je le regarde. »

Puis se tournant vers nous :
180 « Ah ! je savais bien que vous me reviendriez... Tous ces minotiers sont des voleurs. »

Nous voulions l'emporter en triomphe au village :

« Non, non, mes enfants ; il faut avant tout que j'aille donner à manger à mon moulin... Pensez-donc ! il y a si longtemps
185 qu'il ne s'est rien mis sous la dent ! »

Et nous avions tous des larmes dans les yeux de voir le pauvre vieux se démener de droite et de gauche, éventrant les sacs, surveillant la meule, tandis que le grain s'écrasait et que la fine poussière de froment s'envolait au plafond.
190 C'est une justice à nous rendre : à partir de ce jour-là, jamais nous ne laissâmes le vieux meunier manquer d'ouvrage. Puis, un matin, maître Cornille mourut, et les ailes de notre dernier

moulin cessèrent de virer, pour toujours cette fois... Cornille
mort, personne ne prit sa suite. Que voulez-vous, monsieur !...
195 tout a une fin en ce monde, et il faut croire que le temps des
moulins à vent était passé comme celui des coches sur le Rhône,
des parlements[19] et des jaquettes à grandes fleurs.

---

19. *Parlements :* allusion aux cours de justice que supprima la Révolution.

France-Reportage.

FÊTE AU MOULIN DE FONTVIEILLE EN 1935
pour l'inauguration du musée Alphonse Daudet.

L'ARLÉSIENNE

Pour aller au village, en descendant de mon moulin, on passe devant un *mas* bâti près de la route au fond d'une grande cour plantée de micocouliers. C'est la vraie maison du *ménager*[20] de Provence, avec ses tuiles rouges, sa large façade brune
5 irrégulièrement percée, puis tout en haut la girouette du grenier, la poulie pour hisser les meules et quelques touffes de foin brun qui dépassent...

Pourquoi cette maison m'avait-elle frappé ? Pourquoi ce portail fermé me serrait-il le cœur ? Je n'aurais pas pu le dire,
10 et pourtant ce logis me faisait froid. Il y avait trop de silence autour... Quand on passait, les chiens n'aboyaient pas, les pintades s'enfuyaient sans crier... À l'intérieur, pas une voix ! Rien, pas même un grelot de mule... Sans les rideaux blancs des fenêtres et la fumée qui montait des toits, on aurait cru
15 l'endroit inhabité.

Hier, sur le coup de midi, je revenais du village, et, pour éviter le soleil, je longeais les murs de la ferme, dans l'ombre des micocouliers... Sur la route, devant le *mas*, des valets silencieux achevaient de charger une charrette de foin... Le
20 portail était resté ouvert. Je jetai un regard en passant, et je vis, au fond de la cour, accoudé, — la tête dans ses mains, — sur une large table de pierre, un grand vieux tout blanc, avec une veste trop courte et des culottes en lambeaux... Je m'arrêtai. Un des hommes me dit tout bas :
25 « Chut ! c'est le maître... Il est comme ça depuis le malheur de son fils. »

À ce moment, une femme et un petit garçon, vêtus de noir, passèrent près de nous avec de gros paroissiens[21] dorés, et entrèrent à la ferme.
30 L'homme ajouta :

« ... La maîtresse et Cadet qui reviennent de la messe. Ils y vont tous les jours, depuis que l'enfant s'est tué... Ah ! monsieur, quelle désolation !... Le père porte encore les habits du mort ; on ne peut pas les lui faire quitter... Dia ! hue ! la
35 bête ! »

---

20. *Ménager :* cultivateur aisé (voir note 2) ; 21. *Paroissiens :* livres de messe.

La charrette s'ébranla pour partir. Moi, qui voulais en savoir plus long, je demandai au voiturier de monter à côté de lui, et c'est là-haut, dans le foin, que j'appris toute cette navrante histoire...

★

40 Il s'appelait Jan. C'était un admirable paysan de vingt ans, sage comme une fille, solide et le visage ouvert. Comme il était très beau, les femmes le regardaient ; mais lui n'en avait qu'une en tête, — une petite Arlésienne, toute en velours et en dentelles, qu'il avait rencontrée sur la Lice d'Arles[22], une fois. 45 Au *mas,* on ne vit pas d'abord cette liaison avec plaisir. La fille passait pour coquette, et ses parents n'étaient pas du pays.

Mais Jan voulait son Arlésienne à toute force. Il disait : « Je mourrai si on ne me la donne pas. »

Il fallut en passer par là. On décida de les marier après la 50 moisson.

Donc, un dimanche soir, dans la cour du *mas,* la famille achevait de dîner. C'était presque un repas de noce. La fiancée n'y assistait pas, mais on avait bu en son honneur tout le temps... Un homme se présente à la porte, et, d'une voix qui 55 tremble, demande à parler à maître Estève, à lui seul. Estève se lève et sort sur la route.

« Maître, lui dit l'homme, vous allez marier votre enfant à une coquine, qui a été ma maîtresse pendant deux ans. Ce que j'avance, je le prouve ; voici des lettres !... ses parents savent 60 tout et me l'avaient promise ; mais depuis que votre fils la recherche, ni eux ni la belle ne veulent plus de moi... J'aurais cru pourtant qu'après ça elle ne pouvait pas être la femme d'un autre.

— C'est bien, dit maître Estève quand il eut regardé les 65 lettres ; entrez boire un verre de muscat. »

L'homme répond :

« Merci ! j'ai plus de chagrin que de soif. »

Et il s'en va.

Le père rentre, impassible : il reprend sa place à table ; et 70 le repas s'achève gaiement...

Ce soir-là, maître Estève et son fils s'en allèrent ensemble dans les champs. Ils restèrent longtemps dehors ; quand ils revinrent, la mère les attendait encore.

---

22. *La Lice d'Arles :* les arènes romaines d'Arles.

« Femme, dit le *ménager,* en lui amenant son fils,
75 embrasse-le ! il est malheureux... »

★

Jan ne parla plus de l'Arlésienne. Il l'aimait toujours
cependant, et même plus que jamais, depuis qu'on la lui avait
montrée dans les bras d'un autre. Seulement il était trop fier
pour rien dire ; c'est ce qui le tua, le pauvre enfant !...
80 Quelquefois il passait des journées entières seul dans un coin,
sans bouger. D'autres jours, il se mettait à la terre avec rage
et abattait à lui seul le travail de dix journaliers[23]. Le soir venu,
il prenait la route d'Arles et marchait devant lui jusqu'à ce
qu'il vît monter dans le couchant les clochers grêles de la ville.
85 Alors, il revenait. Jamais il n'alla plus loin.

De le voir ainsi, toujours triste et seul, les gens du *mas* ne
savaient plus que faire. On redoutait un malheur... Une fois,
à table, sa mère en le regardant avec des yeux pleins de larmes,
lui dit :
90 « Eh bien, écoute, Jan, si tu la veux tout de même, nous
te la donnerons... »

Le père, rouge de honte, baissait la tête.

Jan fit signe que non, et il sortit...

À partir de ce jour, il changea sa façon de vivre, affectant
95 d'être toujours gai, pour rassurer ses parents. On le revit au
bal, au cabaret, dans les ferrades[24]. À la vote[25] de Fonvieille,
c'est lui qui mena la farandole.

Le père disait : « Il est guéri. » La mère, elle, avait toujours
des craintes et plus que jamais surveillait son enfant... Jan
100 couchait avec Cadet, tout près de la magnanerie[26] ; la pauvre
vieille se fit dresser un lit à côté de leur chambre... Les magnans
pouvaient avoir besoin d'elle, dans la nuit...

Vint la fête de saint Éloi, patron des ménagers.

Grande joie au *mas...* Il y eut du châteauneuf pour tout le
105 monde et du vin cuit comme s'il en pleuvait. Puis des pétards,
des feux sur l'aire, des lanternes de couleur plein les
micocouliers... Vive saint Éloi ! On farandola à mort. Cadet
brûla sa blouse neuve... Jan lui-même avait l'air content ; il

---

23. *Journaliers :* ouvriers agricoles payés à la journée ; 24. *Ferrades :* marquage du
bétail en Provence et fêtes données à cette occasion ; 25. *La vote :* fête patronale en
Provence ; 26. *Magnanerie :* local où sont élevés les vers à soie.

voulut faire danser sa mère ; la pauvre femme en pleurait de
110 bonheur.

À minuit, on alla se coucher. Tout le monde avait besoin
de dormir... Jan ne dormit pas, lui. Cadet a raconté depuis
que toute la nuit il avait sangloté...

Ah ! je vous réponds qu'il était bien mordu, celui-là...

115 Le lendemain, à l'aube, la mère entendit quelqu'un traverser
sa chambre en courant. Elle eut comme un pressentiment :

« Jan, c'est toi ? »

Jan ne répond pas ; il est déjà dans l'escalier.

Vite, vite la mère se lève :

120 « Jan, où vas-tu ? »

Il monte au grenier ; elle monte derrière lui :

« Mon fils, au nom du Ciel ! »

Il ferme la porte et tire le verrou.

« Jan, mon Janet, réponds-moi. Que vas-tu faire ? »

125 À tâtons, de ses vieilles mains qui tremblent, elle cherche
le loquet !... Une fenêtre qui s'ouvre, le bruit d'un corps sur
les dalles de la cour, et c'est tout...

Il s'était dit, le pauvre enfant : « Je l'aime trop... Je m'en
vais... » Ah ! misérables cœurs que nous sommes ! C'est un
130 peu fort pourtant que le mépris ne puisse pas tuer l'amour !...

Ce matin-là, les gens du village se demandèrent qui pouvait
crier ainsi, là-bas, du côté du *mas* d'Estève...

C'était, dans la cour, devant la table de pierre couverte de
rosée et de sang, la mère toute nue qui se lamentait, avec son
135 enfant mort sur ses bras.

LA CHÈVRE DE M. SEGUIN

À M. Pierre Gringoire, poète lyrique à paris

Tu seras bien toujours le même, mon pauvre Gringoire[27] !
Comment ! on t'offre une place de chroniqueur dans un bon
journal de Paris, et tu as l'aplomb de refuser... Mais regarde-toi,
malheureux garçon ! Regarde ce pourpoint[28] troué, ces
5 chausses en déroute, cette face maigre qui crie la faim. Voilà
pourtant où t'a conduit la passion des belles rimes ! Voilà ce
que t'ont valu dix ans de loyaux services dans les pages du
sire Apollo[29]. Est-ce que tu n'as pas honte, à la fin ?

Fais-toi donc chroniqueur, imbécile ! Fais-toi chroniqueur !
10 Tu gagneras de beaux écus à la rose[30], tu auras ton couvert
chez Brébant[31], et tu pourras te montrer les jours de première
avec une plume neuve à ta barrette[32]...

Non ? Tu ne veux pas ? Tu prétends rester libre à ta guise
jusqu'au bout... Eh bien, écoute un peu l'histoire de la *chèvre*
15 *de M. Seguin.* Tu verras ce que l'on gagne à vouloir vivre libre.

M. Seguin n'avait jamais eu de bonheur avec ses chèvres.

Il les perdait toutes de la même façon : un beau matin, elles
cassaient leur corde, s'en allaient dans la montagne, et là-haut
le loup les mangeait. Ni les caresses de leur maître, ni la peur
20 du loup, rien ne les retenait. C'était, paraît-il, des chèvres
indépendantes, voulant à tout prix le grand air et la liberté.

Le brave M. Seguin, qui ne comprenait rien au caractère
de ses bêtes, était consterné. Il disait :

« C'est fini ; les chèvres s'ennuient chez moi ; je n'en garderai
25 pas une. »

Cependant, il ne se découragea pas, et, après avoir perdu

---

27. *P. Gringoire* : héros de la pièce de Théodore de Banville, jouée en 1865. Victor
Hugo en a fait dans *Notre-Dame de Paris* un type inoubliable de bohème des lettres ;
28. *Pourpoint* : vêtement de dessus au XVᵉ siècle ; 29. *Apollo* : Apollon, dieu de la Poésie.
Les pages du sire Apollo sont les poètes ; 30. *Écus à la rose* : pièces de monnaie frappées
d'une rosace ; 31. *Brébant* : restaurant parisien célèbre au XIXᵉ siècle situé sur les Grands
Boulevards ; 32. *Barrette* : petit bonnet plat.

six chèvres de la même manière, il en acheta une septième ;
seulement, cette fois, il eut soin de la prendre toute jeune, pour
qu'elle s'habituât à demeurer chez lui.

30   Ah ! Gringoire, qu'elle était jolie la petite chèvre de
M. Seguin ! qu'elle était jolie avec ses yeux doux, sa barbiche
de sous-officier, ses sabots noirs et luisants, ses cornes zébrées
et ses longs poils blancs qui lui faisaient une houppelande !
C'était presque aussi charmant que le cabri d'Esméralda[33], tu
35 te rappelles, Gringoire ? — et puis, docile, caressante, se
laissant traire sans bouger, sans mettre son pied dans l'écuelle.
Un amour de petite chèvre...

   M. Seguin avait derrière sa maison un clos entouré
d'aubépines. C'est là qu'il mit la nouvelle pensionnaire. Il
40 l'attacha à un pieu, au plus bel endroit du pré, en ayant soin
de lui laisser beaucoup de corde, et de temps en temps il venait
voir si elle était bien. La chèvre se trouvait très heureuse et
broutait l'herbe de si bon cœur que M. Seguin était ravi.

   « Enfin, pensait le pauvre homme, en voilà une qui ne
45 s'ennuiera pas chez moi ! »

   M. Seguin se trompait, sa chèvre s'ennuya.

★

   Un jour, elle se dit en regardant la montagne :

   « Comme on doit être bien là-haut ! Quel plaisir de gambader
dans la bruyère, sans cette maudite longe qui vous écorche le
50 cou !... C'est bon pour l'âne ou pour le bœuf de brouter dans
un clos !... Les chèvres, il leur faut du large. »

   À partir de ce moment, l'herbe du clos lui parut fade. L'ennui
lui vint. Elle maigrit, son lait se fit rare. C'était pitié de la voir
tirer tout le jour sur sa longe, la tête tournée du côté de la
55 montagne, la narine ouverte, en faisant *Mê !*... tristement.

   M. Seguin s'apercevait bien que sa chèvre avait quelque
chose, mais il ne savait pas ce que c'était... Un matin, comme
il achevait de la traire, la chèvre se retourna et lui dit dans
son patois :

60   « Écoutez, monsieur Seguin, je me languis chez vous,
laissez-moi aller dans la montagne.

---

33. *Esméralda* : dans *Notre-Dame de Paris,* jeune et jolie bohémienne, toujours
accompagnée d'une petite chèvre savante, aux cornes dorées. Elle prit Gringoire pour
mari afin de le sauver de la potence.

— Ah ! mon Dieu !... Elle aussi ! » cria M. Seguin stupéfait, et du coup il laissa tomber son écuelle ; puis, s'asseyant dans l'herbe à côté de sa chèvre :

65 « Comment, Blanquette, tu veux me quitter ! »

Et Blanquette répondit :

« Oui, monsieur Seguin.

— Est-ce que l'herbe te manque ici ?

— Oh ! non ! monsieur Seguin.

70 — Tu es peut-être attachée de trop court, veux-tu que j'allonge la corde ?

— Ce n'est pas la peine, monsieur Seguin.

— Alors, qu'est-ce qu'il te faut ? qu'est-ce que tu veux ?

— Je veux aller dans la montagne, monsieur Seguin.

75 — Mais, malheureuse, tu ne sais pas qu'il y a le loup dans la montagne... Que feras-tu quand il viendra ?...

— Je lui donnerai des coups de cornes, monsieur Seguin.

— Le loup se moque bien de tes cornes. Il m'a mangé des biques autrement encornées que toi... Tu sais bien, la pauvre

80 vieille Renaude qui était ici l'an dernier ? une maîtresse chèvre, forte et méchante comme un bouc. Elle s'est battue avec le loup toute la nuit... puis, le matin, le loup l'a mangée.

— Pécaïre[34] ! Pauvre Renaude !... Ça ne fait rien, monsieur Seguin, laissez-moi aller dans la montagne.

85 — Bonté divine !... dit M. Seguin ; mais qu'est-ce qu'on leur fait donc à mes chèvres ? Encore une que le loup va me manger... Eh bien, non... je te sauverai malgré toi, coquine ! et de peur que tu ne rompes ta corde, je vais t'enfermer dans l'étable et tu y resteras toujours. »

90 Là-dessus, M. Seguin emporta la chèvre dans une étable toute noire, dont il ferma la porte à double tour. Malheureusement, il avait oublié la fenêtre, et à peine eut-il le dos tourné, que la petite s'en alla...

Tu ris, Gringoire ? Parbleu ! je crois bien ; tu es du parti

95 des chèvres, toi, contre ce bon M. Seguin... Nous allons voir si tu riras tout à l'heure.

Quand la chèvre blanche arriva dans la montagne, ce fut un ravissement général. Jamais les vieux sapins n'avaient rien vu d'aussi joli. On la reçut comme une petite reine. Les

100 châtaigniers se baissaient jusqu'à terre pour la caresser du bout

---

34. *Pécaïre* : exclamation languedocienne pour signifier la pitié.

de leurs branches. Les genêts d'or s'ouvraient sur son passage,
et sentaient bon tant qu'ils pouvaient. Toute la montagne lui
fit fête.

Tu penses, Gringoire, si notre chèvre était heureuse ! Plus
105 de corde, plus de pieu... rien qui l'empêchât de gambader, de
brouter à sa guise... C'est là qu'il y en avait de l'herbe ! jusque
par-dessus les cornes, mon cher !... Et quelle herbe ! Savoureuse,
fine, dentelée, faite de mille plantes... C'était bien autre chose
que le gazon du clos. Et les fleurs donc ! De grandes campanules
110 bleues, des digitales de pourpre à longs calices, toute une forêt
de fleurs sauvages débordant de sucs capiteux !...

La chèvre blanche, à moitié soûle, se vautrait là-dedans les
jambes en l'air et roulait le long des talus, pêle-mêle avec les
feuilles tombées et les châtaignes... Puis, tout à coup, elle se
115 redressait d'un bond sur ses pattes. Hop ! la voilà partie, la
tête en avant, à travers les maquis et les buissières, tantôt sur
un pic, tantôt au fond d'un ravin, là-haut, en bas, partout...
On aurait dit qu'il y avait dix chèvres de M. Seguin dans la
montagne.

120 C'est qu'elle n'avait peur de rien, la Blanquette.

Elle franchissait d'un saut de grands torrents qui l'éclaboussaient au passage de poussière humide et d'écume. Alors, toute
ruisselante, elle allait s'étendre sur quelque roche plate et se
faisait sécher par le soleil... Une fois, s'avançant au bord d'un
125 plateau, une fleur de cytise aux dents, elle aperçut en bas, tout
en bas dans la plaine, la maison de M. Seguin avec le clos
derrière. Cela la fit rire aux larmes.

« Que c'est petit ! dit-elle ; comment ai-je pu tenir
là-dedans ? »

130 Pauvrette ! de se voir si haut perchée, elle se croyait au moins
aussi grande que le monde...

En somme, ce fut une bonne journée pour la chèvre de
M. Seguin. Vers le milieu du jour, en courant de droite et de
gauche, elle tomba dans une troupe de chamois en train de
135 croquer une lambrusque à belles dents. Notre petite coureuse en
robe blanche fit sensation. On lui donna la meilleure place à la
lambrusque, et tous ces messieurs furent très galants... Il paraît
même, — ceci doit rester entre nous, Gringoire, — qu'un jeune
chamois à pelage noir eut la bonne fortune de plaire à Blanquette.
140 Les deux amoureux s'égarèrent parmi le bois une heure ou deux,
et si tu veux savoir ce qu'ils se dirent, va le demander aux sources
bavardes qui courent invisibles dans la mousse.

★

Tout à coup le vent fraîchit. La montagne devint violette ; c'était le soir.

145 « Déjà ! » dit la petite chèvre ; et elle s'arrêta fort étonnée.
En bas, les champs étaient noyés de brume. Le clos de M. Seguin disparaissait dans le brouillard, et de la maisonnette on ne voyait plus que le toit avec un peu de fumée. Elle écouta les clochettes d'un troupeau qu'on ramenait, et se sentit l'âme
150 toute triste... Un gerfaut, qui rentrait, la frôla de ses ailes en passant. Elle tressaillit... puis ce fut un hurlement dans la montagne :

« Hou ! hou ! »

Elle pensa au loup ; de tout le jour la folle n'y avait pas
155 pensé... Au même moment une trompe sonna bien loin dans la vallée. C'était ce bon M. Seguin qui tentait un dernier effort.

« Hou ! hou !... faisait le loup.

— Reviens ! reviens !... » criait la trompe.

Blanquette eut envie de revenir ; mais en se rappelant le pieu,
160 la corde, la haie du clos, elle pensa que maintenant elle ne pouvait plus se faire à cette vie, et qu'il valait mieux rester.

La trompe ne sonnait plus...

La chèvre entendit derrière elle un bruit de feuilles. Elle se retourna et vit dans l'ombre deux oreilles courtes, toutes
165 droites, avec deux yeux qui reluisaient... C'était le loup.

★

Énorme, immobile, assis sur son train de derrière, il était là regardant la petite chèvre blanche et la dégustant par avance... Comme il savait bien qu'il la mangerait, le loup ne se pressait pas ; seulement, quand elle se retourna, il se mit
170 à rire méchamment.

« Ha ! ha ! la petite chèvre de M. Seguin » ; et il passa sa grosse langue rouge sur ses babines d'amadou.

Blanquette se sentit perdue... Un moment, en se rappelant l'histoire de la vieille Renaude, qui s'était battue toute la nuit
175 pour être mangée le matin, elle se dit qu'il vaudrait peut-être mieux se laisser manger tout de suite ; puis, s'étant ravisée, elle tomba en garde, la tête basse et la corne en avant, comme une brave chèvre de M. Seguin qu'elle était... Non pas qu'elle eût l'espoir de tuer le loup, — les chèvres ne tuent pas le loup,

180 — mais seulement pour voir si elle pourrait tenir aussi
longtemps que la Renaude...

Alors le monstre s'avança, et les petites cornes entrèrent en
danse.

Ah ! la brave chevrette, comme elle y allait de bon cœur !
185 Plus de dix fois, je ne mens pas, Gringoire, elle força le loup
à reculer pour reprendre haleine. Pendant ces trêves d'une
minute, la gourmande cueillait en hâte encore un brin de sa
chère herbe ; puis elle retournait au combat, la bouche pleine...
Cela dura toute la nuit. De temps en temps la chèvre de
190 M. Seguin regardait les étoiles danser dans le ciel clair, et elle
se disait :

« Oh ! pourvu que je tienne jusqu'à l'aube... »

L'une après l'autre, les étoiles s'éteignirent. Blanquette
redoubla de coups de cornes, le loup de coups de dents... Une
195 lueur pâle parut dans l'horizon... Le chant du coq enroué monta
d'une métairie.

« Enfin ! » dit la pauvre bête, qui n'attendait plus que le
jour pour mourir ; et elle s'allongea par terre dans sa belle
fourrure blanche toute tachée de sang...
200 Alors le loup se jeta sur la petite chèvre et la mangea[35].

★

Adieu Gringoire !

L'histoire que tu as entendue n'est pas un conte de mon
invention. Si jamais tu viens en Provence, nos ménagers te
parleront souvent de la *cabro de moussu Seguin, que se battégué*
205 *touto la niue emé lou loup, e piei lou matin lou loup la mangé*[36].

Tu m'entends bien, Gringoire !

E piei lou matin lou loup la mangé.

35. *La mangea* : cf. *le Petit Chaperon rouge* de Ch. Perrault : « Et en disant ces mots, ce méchant loup se jeta sur le Petit Chaperon rouge et le mangea » ; **36.** « La chèvre de M. Seguin, qui se battit toute la nuit avec le loup, et puis, le matin, le loup la mangea. »

Larousse.

DAUDET CARICATURÉ PAR ANDRÉ GILL.

LA LÉGENDE DE L'HOMME À LA CERVELLE D'OR

À LA DAME QUI DEMANDE DES HISTOIRES GAIES

En lisant votre lettre, madame, j'ai eu comme un remords. Je m'en suis voulu de la couleur un peu trop demi-deuil de mes historiettes, et je m'étais promis de vous offrir aujourd'hui quelque chose de joyeux, de follement joyeux.

5 Pourquoi serais-je triste, après tout ? Je vis à mille lieues des brouillards parisiens, sur une colline lumineuse, dans le pays des tambourins et du vin muscat. Autour de chez moi tout n'est que soleil et musique ; j'ai des orchestres de culs-blancs, des orphéons de mésanges ; le matin, les courlis 10 qui font : « Coureli ! coureli ! », à midi, les cigales ; puis les pâtres qui jouent du fifre, et les belles filles brunes qu'on entend rire dans les vignes... En vérité, l'endroit est mal choisi pour broyer du noir ; je devrais plutôt expédier aux dames des poèmes couleur de rose et des pleins paniers de contes galants. 15 Eh bien, non ! je suis encore trop près de Paris. Tous les jours, jusque dans mes pins, il m'envoie les éclaboussures de ses tristesses... À l'heure même où j'écris ces lignes, je viens d'apprendre la mort misérable du pauvre Charles Barbara[37] ; et mon moulin en est tout en deuil. Adieu les courlis et les 20 cigales ! Je n'ai plus le cœur à rien de gai... Voilà pourquoi, madame, au lieu du joli conte badin que je m'étais promis de vous faire, vous n'aurez encore aujourd'hui qu'une légende mélancolique.

Il était une fois un homme qui avait une cervelle d'or ; oui, 25 madame, une cervelle toute en or. Lorsqu'il vint au monde, les médecins pensaient que cet enfant ne vivrait pas, tant sa tête était lourde et son crâne démesuré. Il vécut cependant et grandit au soleil comme un beau plant d'olivier ; seulement

---

37. *Charles Barbara* : auteur oublié de récits comme *l'Assassinat du Pont-Rouge* ou *les Détraqués*, qui se jeta du quatrième étage de la maison de santé où il était hébergé.

sa grosse tête l'entraînait toujours, et c'était pitié de le voir
30 se cogner à tous les meubles en marchant... Il tombait souvent.
Un jour, il roula du haut d'un perron et vint donner du front
contre un degré de marbre, où son crâne sonna comme un
lingot. On le crut mort, mais en le relevant, on ne lui trouva
qu'une légère blessure, avec deux ou trois gouttelettes d'or
35 caillées dans ses cheveux blonds. C'est ainsi que les parents
apprirent que l'enfant avait une cervelle en or.

La chose fut tenue secrète ; le pauvre petit lui-même ne se
douta de rien. De temps en temps, il demandait pourquoi on
ne le laissait plus courir devant la porte avec les garçonnets
40 de la rue.

« On vous volerait, mon beau trésor ! » lui répondait sa
mère...

Alors le petit avait grand-peur d'être volé ; il retournait jouer
tout seul, sans rien dire, et se trimbalait lourdement d'une salle
45 à l'autre...

À dix-huit ans seulement, ses parents lui révélèrent le don
monstrueux qu'il tenait du destin ; et, comme ils l'avaient élevé
et nourri jusque-là, ils lui demandèrent en retour un peu de
son or. L'enfant n'hésita pas ; sur l'heure même — comment ?
50 par quels moyens ? la légende ne l'a pas dit —, il s'arracha
du crâne un morceau d'or massif, un morceau gros comme
une noix, qu'il jeta fièrement sur les genoux de sa mère... Puis,
tout ébloui des richesses qu'il portait dans la tête, fou de désirs,
ivre de sa puissance, il quitta la maison paternelle et s'en alla
55 par le monde en gaspillant son trésor.

★

Du train dont il menait sa vie, royalement, et semant l'or sans
compter, on aurait dit que sa cervelle était inépuisable... elle
s'épuisait cependant, et à mesure on pouvait voir les yeux
s'éteindre, la joue devenir plus creuse. Un jour enfin, au matin
60 d'une débauche folle, le malheureux, resté seul parmi les débris
du festin et les lustres qui pâlissaient, s'épouvanta de l'énorme
brèche qu'il avait déjà faite à son lingot : il était temps de s'arrêter.

Dès lors, ce fut une existence nouvelle. L'homme à la cervelle
d'or s'en alla vivre à l'écart, du travail de ses mains,
65 soupçonneux et craintif comme un avare, fuyant les tentations,
tâchant d'oublier lui-même ces fatales richesses auxquelles il
ne voulait plus toucher... Par malheur, un ami l'avait suivi dans
sa solitude, et cet ami connaissait son secret.

Une nuit, le pauvre homme fut réveillé en sursaut par une
70 douleur à la tête, une effroyable douleur ; il se dressa éperdu,
et vit, dans un rayon de lune, l'ami qui fuyait en cachant
quelque chose sous son manteau...

Encore un peu de cervelle qu'on lui emportait !...

À quelque temps de là, l'homme à la cervelle d'or devint
75 amoureux, et cette fois tout fut fini... Il aimait du meilleur de
son âme une petite femme blonde, qui l'aimait bien aussi, mais
qui préférait encore les pompons, les plumes blanches et les
jolis glands mordorés battant le long des bottines.

Entre les mains de cette mignonne créature — moitié oiseau,
80 moitié poupée —, les piécettes d'or fondaient que c'était un
plaisir. Elle avait tous les caprices ; et lui ne savait jamais dire
non ; même, de peur de la peiner, il lui cacha jusqu'au bout
le triste secret de sa fortune.

« Nous sommes donc bien riches ? » disait-elle.
85   Le pauvre homme lui répondait :

« Oh ! oui... bien riches ! »

Et il souriait avec amour au petit oiseau bleu qui lui mangeait
le crâne innocemment. Quelquefois cependant la peur le
prenait, il avait des envies d'être avare ; mais alors la petite
90 femme venait vers lui en sautillant, et lui disait :

« Mon mari, qui êtes si riche ! achetez-moi quelque chose
de bien cher... »

Et il lui achetait quelque chose de bien cher.

Cela dura ainsi pendant deux ans ; puis, un matin, la petite
95 femme mourut, sans qu'on sût pourquoi, comme un oiseau...
Le trésor touchait à sa fin ; avec ce qui lui restait, le veuf fit
faire à sa chère morte un bel enterrement. Cloches à toute volée,
lourds carrosses tendus de noir, chevaux empanachés, larmes
d'argent dans le velours, rien ne lui parut trop beau. Que lui
100 importait son or maintenant ?... Il en donna pour l'église, pour
les porteurs, pour les revendeuses d'immortelles : il en donna
partout.

Aussi, en sortant du cimetière, il ne lui restait presque plus
rien de cette cervelle merveilleuse, à peine quelques parcelles
105 aux parois du crâne.

Alors on le vit s'en aller dans les rues, l'air égaré, les mains
en avant, trébuchant comme un homme ivre. Le soir, à l'heure
où les bazars s'illuminent, il s'arrêta devant une large vitrine
dans laquelle tout un fouillis d'étoffes et de parures reluisait
110 aux lumières, et resta là longtemps à regarder deux bottines

de satin bleu bordées de duvet de cygne. « Je sais quelqu'un
à qui ces bottines feraient bien plaisir », se disait-il en souriant ;
et, ne se souvenant déjà plus que la petite femme était morte,
il entra pour les acheter.

115   Du fond de son arrière-boutique, la marchande entendit un
grand cri ; elle accourut et recula de peur en voyant un homme
debout, qui s'accotait au comptoir et la regardait douloureuse-
ment d'un air hébété. Il tenait d'une main les bottines bleues
à bordure de cygne, et présentait l'autre main toute sanglante,
120 avec des raclures d'or au bout des ongles.

    Telle est, madame, la légende de l'homme à la cervelle d'or.

    Malgré ses airs de conte fantastique, cette légende est vraie
d'un bout à l'autre... Il y a par le monde de pauvres gens qui
sont condamnés à vivre avec leur cerveau, et paient en bel or
125 fin, avec leur moelle et leur substance, les moindres choses de
la vie. C'est pour eux une douleur de chaque jour ; et puis,
quand ils sont las de souffrir...

LA DILIGENCE DE BEAUCAIRE

C'était le jour de mon arrivée ici. J'avais pris la diligence de Beaucaire, une bonne vieille patache[38] qui n'a pas grand chemin à faire avant d'être rendue chez elle, mais qui flâne tout le long de la route, pour avoir l'air, le soir, d'arriver de
5 très loin. Nous étions cinq sur l'impériale[39] sans compter le conducteur.

D'abord un gardien de Camargue, petit homme trapu, poilu, sentant le fauve, avec de gros yeux pleins de sang et des anneaux d'argent aux oreilles ; puis deux Beaucairois, un boulanger et
10 son *gindre*[40], tout deux très rouges, très poussifs, mais des profils superbes, deux médailles romaines à l'effigie de Vitellius[41]. Enfin, sur le devant, près du conducteur, un homme... non ! une casquette, une énorme casquette en peau de lapin, qui ne disait pas grand-chose et regardait la route
15 d'un air triste.

Tous ces gens-là se connaissaient entre eux et parlaient tout haut de leurs affaires, très librement. Le Camarguais racontait qu'il venait de Nîmes, mandé par le juge d'instruction pour un coup de fourche donné à un berger. On a le sang vif en
20 Camargue... Et à Beaucaire donc ! Est-ce que nos deux Beaucairois ne voulaient pas s'égorger à propos de la Sainte Vierge ? Il paraît que le boulanger était d'une paroisse depuis longtemps vouée à la Madone, celle que les Provençaux appellent la *bonne mère* et qui porte le petit Jésus dans ses
25 bras ; le *gindre,* au contraire, chantait au lutrin d'une église toute neuve qui s'était consacrée à l'Immaculée Conception, cette belle image souriante qu'on représente les bras pendants, les mains pleines de rayons. La querelle venait de là. Il fallait voir comme ces deux bons catholiques se traitaient, eux et leurs
30 madones :

« Elle est jolie, ton immaculée !

---

38. *Patache :* voiture tirée par des chevaux et peu confortable ; **39.** *Impériale :* partie supérieure d'une diligence ou d'un autobus ; **40.** *Gindre :* prononciation méridionale de « gendre » ; **41.** *Vitellius :* empereur romain en 69 apr. J.-C.

— Va-t'en donc avec ta bonne mère !

— Elle en a vu de grises, la tienne, en Palestine !

— Et la tienne, hou ! la laide ! Qui sait ce qu'elle n'a pas
35 fait... Demande plutôt à saint Joseph. »

Pour se croire sur le port de Naples, il ne manquait plus
que de voir luire les couteaux, et ma foi, je crois bien que ce
beau tournoi théologique se serait terminé par là si le
conducteur n'était pas intervenu.

40 « Laissez-nous donc tranquilles avec vos madones, dit-il en
riant aux Beaucairois : tout ça, c'est des histoires de femmes,
les hommes ne doivent pas s'en mêler. »

Là-dessus, il fit claquer son fouet d'un petit air sceptique
qui rangea tout le monde de son avis.

45 La discussion était finie ; mais le boulanger, mis en train,
avait besoin de dépenser le restant de sa verve, et, se tournant
vers la malheureuse casquette, silencieuse et triste dans son
coin, il lui dit d'un air goguenard :

« Et ta femme, à toi, rémouleur ?... Pour quelle paroisse
50 tient-elle ? »

Il faut croire qu'il y avait dans cette phrase une intention
très comique, car l'impériale tout entière partit d'un gros éclat
de rire... Le rémouleur ne riait pas, lui. Il n'avait pas l'air
d'entendre. Voyant cela, le boulanger se tourna de mon côté :

55 « Vous ne la connaissez pas sa femme, monsieur ? Une drôle
de paroissienne, allez ! Il n'y en a pas deux comme elle dans
Beaucaire. »

Les rires redoublèrent. Le rémouleur ne bougea pas ; il se
contenta de dire tout bas, sans lever la tête :

60 « Tais-toi, boulanger. »

Mais ce diable de boulanger n'avait pas envie de se taire,
et il reprit de plus belle :

« Viédase ! Le camarade n'est pas à plaindre d'avoir une
femme comme celle-là... Pas moyen de s'ennuyer un moment
65 avec elle... Pensez donc ! une belle qui se fait enlever tous les
six mois, elle a toujours quelque chose à vous raconter quand
elle revient... C'est égal, c'est un drôle de petit ménage...
Figurez-vous, monsieur, qu'ils n'étaient pas mariés depuis un
an, paf ! voilà la femme qui part en Espagne avec un marchand
70 de chocolat.

« Le mari reste seul chez lui à pleurer et à boire... Il était
comme fou. Au bout de quelque temps, la belle est revenue

dans le pays, habillée en Espagnole, avec un petit tambour à grelots. Nous lui disions tous :

75 « — Cache-toi ; il va te tuer. »

« Ah ! ben oui ; la tuer... Ils se sont remis ensemble bien tranquillement, et elle lui a appris à jouer du tambour de basque. »

Il y eut une nouvelle explosion de rires. Dans son coin, sans 80 lever la tête, le rémouleur murmura encore :

« Tais-toi, boulanger. »

Le boulanger n'y prit pas garde et continua :

« Vous croyez peut-être, monsieur, qu'après son retour d'Espagne la belle s'est tenue tranquille... Ah ! mais non... Son 85 mari avait si bien pris la chose ! Ça lui a donné envie de recommencer... Après l'Espagnol, ç'a été un officier, puis un marinier du Rhône, puis un musicien, puis un... Est-ce que je sais ? Ce qu'il y a de bon, c'est que chaque fois c'est la même comédie. La femme part, le mari pleure ; elle revient, il se 90 console. Et toujours on la lui enlève, et toujours il la reprend... Croyez-vous qu'il a de la patience, ce mari-là ! Il faut dire aussi qu'elle est crânement jolie, la petite rémouleuse... un vrai morceau de cardinal : vive, mignonne, bien roulée ; avec ça, une peau blanche et des yeux couleur de noisette qui regardent 95 toujours les hommes en riant... Ma foi ! mon Parisien, si vous repassez jamais par Beaucaire...

— Oh ! tais-toi, boulanger, je t'en prie... » fit encore une fois le pauvre rémouleur avec une expression de voix déchirante.

100 À ce moment, la diligence s'arrêta. Nous étions au *mas* des Anglores. C'est là que les deux Beaucairois descendaient, et je vous jure que je ne les retins pas... Farceur de boulanger ! Il était dans la cour du *mas* qu'on l'entendait rire encore.

★

Ces gens-là partis, l'impériale sembla vide. On avait laissé 105 le Camarguais à Arles ; le conducteur marchait sur la route à côté de ses chevaux... Nous étions seuls là-haut, le rémouleur et moi, chacun dans notre coin, sans parler. Il faisait chaud ; le cuir de la capote brûlait. Par moments, je sentais mes yeux se fermer et ma tête devenir lourde ; mais impossible de dormir. 110 J'avais toujours dans les oreilles ce « Tais-toi, je t'en prie », si navrant et si doux... Ni lui non plus, le pauvre homme ! il ne dormait pas. De derrière, je voyais ses grosses épaules

frissonner, et sa main —, une longue main blafarde et bête,
— trembler sur le dos de la banquette, comme une main de
115 vieux. Il pleurait...

« Vous voilà chez vous, Parisien ! » me cria tout à coup
le conducteur ; et du bout de son fouet il me montrait ma colline
verte avec le moulin piqué dessus comme un gros papillon.

Je m'empressai de descendre. En passant près du rémouleur,
120 j'essayai de regarder sous sa casquette ! j'aurais voulu le voir
avant de partir. Comme s'il avait compris ma pensée, le
malheureux leva brusquement la tête, et, plantant son regard
dans le mien :

« Regardez-moi bien, l'ami, me dit-il d'une voix sourde, et
125 si un de ces jours vous apprenez qu'il y a eu un malheur à
Beaucaire, vous pourrez dire que vous connaissez celui qui a
fait le coup. »

C'était une figure éteinte et triste, avec de petits yeux fanés.
Il y avait des larmes dans ces yeux, mais dans cette voix il
130 y avait de la haine. La haine, c'est la colère des faibles !... Si
j'étais la rémouleuse, je me méfierais...

LA MULE DU PAPE

De tous les jolis dictons, proverbes ou adages, dont nos paysans de Provence passementent leurs discours, je n'en sais pas un plus pittoresque ni plus singulier que celui-ci. À quinze lieues autour de mon moulin, quand on parle d'un homme
5 rancunier, vindicatif, on dit : « Cet homme-là ! Méfiez-vous !... il est comme la mule du Pape, qui garde sept ans son coup de pied. »

J'ai cherché bien longtemps d'où ce proverbe pouvait venir, ce que c'était que cette mule papale et ce coup de pied gardé
10 pendant sept ans. Personne ici n'a pu me renseigner à ce sujet, pas même Francet Mamaï, mon joueur de fifre, qui connaît pourtant son légendaire provençal sur le bout du doigt. Francet pense comme moi qu'il y a là-dessous quelque ancienne chronique du pays d'Avignon ; mais il n'en a jamais entendu
15 parler autrement que par le proverbe.

« Vous ne trouverez cela qu'à la bibliothèque des Cigales », m'a dit le vieux fifre en riant.

L'idée m'a paru bonne, et comme la bibliothèque des Cigales est à ma porte, je suis allé m'y enfermer huit jours.
20 C'est une bibliothèque merveilleuse, admirablement montée, ouverte aux poètes jour et nuit, et desservie par de petits bibliothécaires à cymbales qui vous font de la musique tout le temps. J'ai passé là quelques journées délicieuses, et après une semaine de recherches, — sur le dos, — j'ai fini par
25 découvrir ce que je voulais, c'est-à-dire l'histoire de ma mule et de ce fameux coup de pied gardé pendant sept ans. Le conte en est joli quoique un peu naïf, et je vais essayer de vous le dire tel que je l'ai lu hier matin dans un manuscrit couleur du temps, qui sentait bon la lavande sèche et avait de grands
30 fils de la Vierge[42] pour signets.

Qui n'a pas vu Avignon du temps des Papes[43], n'a rien vu. Pour la gaieté, la vie, l'animation, le train des fêtes, jamais une

---

42. *Fils de la Vierge* : longs fils transparents construits par les araignées, et comme suspendus dans l'air ; **43.** *Du temps des Papes* : de 1309 à 1378, les papes résidèrent en Avignon.

ville pareille. C'étaient, du matin au soir, des processions, des
pèlerinages, les rues jonchées de fleurs, tapissées de hautes
35 lices[44], des arrivages de cardinaux par le Rhône, bannières au
vent, galères pavoisées, les soldats du Pape qui chantaient du
latin sur les places, les crécelles des frères quêteurs ; puis, du
haut en bas des maisons qui se pressaient en bourdonnant
autour du grand palais papal comme des abeilles autour de
40 leur ruche, c'étaient encore le tic-tac des métiers à dentelles,
le va-et-vient des navettes tissant l'or des chasubles, les petits
marteaux des ciseleurs de burettes, les tables d'harmonie[45]
qu'on ajustait chez les luthiers, les cantiques des ourdisseuses ;
par là-dessus le bruit des cloches, et toujours quelques
45 tambourins qu'on entendait ronfler, là-bas, du côté du pont.
Car chez nous, quand le peuple est content, il faut qu'il danse,
il faut qu'il danse ; et comme en ce temps-là les rues de la ville
étaient trop étroites pour la farandole[46], fifres et tambourins
se postaient sur le pont d'Avignon, au vent frais du Rhône,
50 et jour et nuit l'on y dansait, l'on y dansait... Ah ! l'heureux
temps ! l'heureuse ville ! Des hallebardes qui ne coupaient pas ;
des prisons d'État où l'on mettait le vin à rafraîchir. Jamais
de disette ; jamais de guerre... Voilà comment les Papes du
Comtat savaient gouverner leur peuple ; voilà pourquoi leur
55 peuple les a tant regrettés !...

★

Il y en a un surtout, un bon vieux, qu'on appelait Boniface[47]...
Oh ! celui-là, que de larmes on a versées en Avignon, quand
il est mort ! C'était un prince si aimable, si avenant ! Il vous
riait si bien du haut de sa mule ! Et quand vous passiez près
60 de lui, — fussiez-vous un pauvre petit tireur de garance[48] ou
le grand viguier[49] de la ville, — il vous donnait sa bénédiction
si poliment ! Un vrai pape d'Yvetot[50], mais d'un Yvetot de
Provence, avec quelque chose de fin dans le rire, un brin de
marjolaine à sa barrette, et pas la moindre Jeanneton[51]... La

---

44. *Hautes lices* : tapisseries dont les fils de chaîne sont tendus verticalement ;
45. *Tables d'harmonie* : partie d'un instrument de musique sur laquelle les cordes sont
tendues ; 46. *Farandole* : danse provençale, vivement cadencée, que l'on exécute au son
du fifre et du tambourin ; 47. *Boniface* : aucun pape d'Avignon ne porta ce nom ;
48. *Garance* : herbe d'où l'on tire une couleur rouge pour la teinture ; 49. *Viguier* :
magistrat chargé de rendre la justice ; 50. *Yvetot* : ville de Normandie : autrefois cité
indépendante dont les souverains portèrent le titre de roi du XIVe au XVIe siècle ;
51. *Jeanneton* : allusion à la chanson de Béranger (mort en 1857) : « Il était un roi
d'Yvetot / Peu connu dans l'histoire / Se levant tard, se couchant tôt / Dormant fort
bien sans gloire / Et couronné par Jeanneton / D'un simple bonnet de coton... ».

65 seule Jeanneton qu'on lui ait jamais connue, à ce bon père,
c'était sa vigne, — une petite vigne qu'il avait plantée lui-même,
à trois lieues d'Avignon, dans les myrtes de Château-Neuf.

Tous les dimanches, en sortant de Vêpres, le digne homme
allait lui faire sa cour, et quand il était là-haut, assis au bon
70 soleil, sa mule près de lui, ses cardinaux tout autour étendus
aux pieds des souches, alors il faisait déboucher un flacon de
vin du cru, — ce beau vin, couleur de rubis, qui s'est appelé
depuis le Château-Neuf des Papes, — et il dégustait par petits
coups, en regardant sa vigne d'un air attendri. Puis, le flacon
75 vidé, le jour tombant, il rentrait joyeusement à la ville, suivi
de tout son chapitre ; et, lorsqu'il passait sur le pont d'Avignon,
au milieu des tambours et des farandoles, sa mule, mise en
train par la musique, prenait un petit amble sautillant, tandis
que lui-même il marquait le pas de la danse avec sa barrette,
80 ce qui scandalisait fort ses cardinaux, mais faisait dire à tout
le peuple : « Ah ! le bon prince ! Ah ! le brave pape ! »

★

Après sa vigne de Château-Neuf, ce que le pape aimait le
plus au monde, c'était sa mule. Le bonhomme en raffolait de
cette bête-là. Tous les soirs avant de se coucher, il allait voir
85 si son écurie était bien fermée, si rien ne manquait dans sa
mangeoire, et jamais il ne se serait levé de table sans faire
préparer sous ses yeux un grand bol de vin à la française, avec
beaucoup de sucre et d'aromates, qu'il allait lui porter
lui-même, malgré les observations de ses cardinaux... Il faut
90 dire aussi que la bête en valait la peine. C'était une belle mule
noire, mouchetée de rouge, le pied sûr, le poil luisant, la croupe
large et pleine, portant fièrement sa petite tête sèche toute
harnachée de pompons, de nœuds, de grelots d'argent, de
bouffettes ; avec cela douce comme un ange, l'œil naïf, et deux
95 longues oreilles, toujours en branle, qui lui donnaient l'air bon
enfant. Tout Avignon la respectait, et, quand elle allait dans
les rues, il n'y avait pas de bonnes manières qu'on ne lui fît ;
car chacun savait que c'était le meilleur moyen d'être bien en
cour, et qu'avec son air innocent, la mule du Pape en avait
100 mené plus d'un à la fortune, à preuve Tistet Védène et sa
prodigieuse aventure.

Ce Tistet Védène était, dans le principe, un effronté galopin,
que son père, Guy Védène, le sculpteur d'or, avait été obligé
de chasser de chez lui, parce qu'il ne voulait rien faire et

105 débauchait les apprentis. Pendant six mois, on le vit traîner
sa jaquette dans tous les ruisseaux d'Avignon, mais principalement du côté de la maison papale ; car le drôle avait depuis
longtemps son idée sur la mule du Pape, et vous allez voir
que c'était quelque chose de malin... Un jour que Sa Sainteté
110 se promenait toute seule sous les remparts avec sa bête, voilà
mon Tistet qui l'aborde, et lui dit en joignant les mains d'un
air d'admiration :

« Ah ! mon Dieu ! grand Saint-Père, quelle brave mule vous
avez-là !... Laissez un peu que je la regarde... Ah ! mon Pape,
115 la belle mule !... L'empereur d'Allemagne n'en a pas une
pareille. »

Et il la caressait, et il lui parlait doucement comme à une
demoiselle.

« Venez çà, mon bijou, mon trésor, ma perle fine... »
120 Et le bon Pape, tout ému, se disait dans lui-même :

« Quel bon petit garçonnet !... Comme il est gentil avec ma
mule ! »

Et puis le lendemain savez-vous ce qui arriva ? Tistet Védène
troqua sa vieille jaquette jaune contre une belle aube en
125 dentelles, un camail[52] de soie violette, des souliers à boucles,
et il entra dans la maîtrise[53] du Pape, où jamais avant lui on
n'avait reçu que des fils de nobles et des neveux de cardinaux...
Voilà ce que c'est que l'intrigue !... Mais Tistet ne s'en tint pas
là.
130 Une fois au service du Pape, le drôle continua le jeu qui
lui avait si bien réussi. Insolent avec tout le monde, il n'avait
d'attentions ni de prévenances que pour la mule, et toujours
on le rencontrait par les cours du palais avec une poignée
d'avoine ou une bottelée de sainfoin, dont il secouait gentiment
135 les grappes roses en regardant le balcon du Saint-Père, d'un
air de dire : « Hein !... pour qui ça ?... » Tant et tant qu'à
la fin le bon Pape, qui se sentait devenir vieux, en arriva à
lui laisser le soin de veiller sur l'écurie et de porter à la mule
son bol de vin à la française ; ce qui ne faisait pas rire les
140 cardinaux.

---

52. *Camail* : courte pèlerine des ecclésiastiques ; **53.** *Maîtrise* : école de chant des
enfants de chœur. Daudet y alla lui-même à Lyon dans son adolescence.

Larousse.

ILLUSTRATION DE JEAN-DENIS MALCLÈS POUR « LA MULE DU PAPE ».

★

Ni la mule non plus, cela ne la faisait pas rire... Maintenant, à l'heure de son vin, elle voyait toujours arriver chez elle cinq ou six petits clercs de maîtrise qui se fourraient vite dans la paille avec leur camail et leurs dentelles ; puis, au bout d'un
145 moment, une bonne odeur chaude de caramel et d'aromates emplissait l'écurie, et Tistet Védène apparaissait portant avec précaution le bol de vin à la française. Alors le martyre de la pauvre bête commençait.

Ce vin parfumé qu'elle aimait tant, qui lui tenait chaud, qui
150 lui mettait des ailes, on avait la cruauté de le lui apporter, là, dans sa mangeoire, de le lui faire respirer ; puis, quand elle en avait les narines pleines, passe, je t'ai vu ! la belle liqueur de flamme rose s'en allait toute dans le gosier de ces garnements... Et encore, s'ils n'avaient fait que lui voler son
155 vin ; mais c'étaient comme des diables, tous ces petits clercs, quand ils avaient bu !... l'un lui tirait les oreilles, l'autre la queue ; Quiquet lui montait sur le dos, Béluguet lui essayait sa barrette, et pas un de ces galopins ne songeait que d'un coup de reins ou d'une ruade la brave bête aurait pu les envoyer
160 tous dans l'étoile polaire, et même plus loin... Mais non ! On n'est pas pour rien la mule du Pape, la mule des bénédictions et des indulgences... Les enfants avaient beau faire, elle ne se fâchait pas ; et ce n'était qu'à Tistet Védène qu'elle en voulait... Celui-là, par exemple, quand elle le sentait derrière elle, son
165 sabot lui démangeait, et vraiment il y avait bien de quoi. Ce vaurien de Tistet lui jouait de si vilains tours ! Il avait de si cruelles inventions après boire !...

Est-ce qu'un jour il ne s'avisa pas de la faire monter avec lui au clocheton de la maîtrise, là-haut, tout là-haut, à la pointe
170 du palais !... Et ce que je vous dis là n'est pas un conte, deux cent mille Provençaux l'ont vu. Vous figurez-vous la terreur de cette malheureuse mule, lorsque, après avoir tourné pendant une heure à l'aveuglette dans un escalier en colimaçon et grimpé je ne sais combien de marches, elle se trouva tout à coup sur
175 une plate-forme éblouissante de lumière, et qu'à mille pieds au-dessous d'elle elle aperçut tout un Avignon fantastique, les baraques du marché pas plus grosses que des noisettes, les soldats du Pape devant leur caserne comme des fourmis rouges, et là-bas, sur un fil d'argent, un petit pont microscopique où

180 l'on dansait, où l'on dansait... Ah ! pauvre bête ! quelle panique !
Du cri qu'elle en poussa, toutes les vitres du palais tremblèrent.

« Qu'est-ce qu'il y a ? qu'est-ce qu'on lui fait ? » s'écria
le bon Pape en se précipitant sur son balcon.

Tistet Védène était déjà dans la cour, faisant mine de pleurer
185 et de s'arracher les cheveux :

« Ah ! grand Saint-Père, ce qu'il y a ! Il y a que votre mule...
mon Dieu ! qu'allons-nous devenir ? Il y a que votre mule est
montée dans le clocheton...

— Toute seule ?

190 — Oui, grand Saint-Père, toute seule... Tenez ! regardez-la,
là-haut... Voyez-vous le bout de ses oreilles qui passe ?... On
dirait deux hirondelles...

— Miséricorde ! fit le pauvre Pape en levant les yeux... Mais
elle est donc devenue folle ! Mais elle va se tuer... Veux-tu bien
195 descendre, malheureuse !... »

Pécaïre ! elle n'aurait pas mieux demandé, elle, que de
descendre... mais par où ? L'escalier, il n'y fallait pas songer :
ça se monte encore ces choses-là ; mais, à la descente, il y aurait
de quoi se rompre cent fois les jambes... Et la pauvre mule
200 se désolait, et, tout en rôdant sur la plate-forme avec ses gros
yeux pleins de vertige, elle pensait à Tistet Védène :

« Ah ! bandit, si j'en réchappe... quel coup de sabot demain
matin ! »

Cette idée de coup de sabot lui redonnait un peu de cœur
205 au ventre ; sans cela elle n'aurait pas pu se tenir... Enfin on
parvint à la tirer de là-haut ; mais ce fut toute une affaire. Il
fallut la descendre avec un cric, des cordes, une civière. Et
vous pensez quelle humiliation pour la mule d'un pape de se
voir pendue à cette hauteur, nageant des pattes dans le vide
210 comme un hanneton au bout d'un fil. Et tout Avignon qui la
regardait !

La malheureuse bête n'en dormit pas de la nuit. Il lui
semblait toujours qu'elle tournait sur cette maudite plate-
forme, avec les rires de la ville au-dessous, puis elle pensait
215 à cet infâme Tistet Védène et au joli coup de sabot qu'elle allait
lui détacher le lendemain matin. Ah ! mes amis, quel coup de
sabot ! De Pampérigouste on en verrait la fumée... Or, pendant
qu'on lui préparait cette belle réception à l'écurie, savez-vous
ce que faisait Tistet Védène ? Il descendait le Rhône en
220 chantant sur une galère papale et s'en allait à la cour de Naples
avec la troupe de jeunes nobles que la ville envoyait tous les

ans près de la reine Jeanne[54] pour s'exercer à la diplomatie
et aux belles manières. Tistet n'était pas noble ; mais le Pape
tenait à le récompenser des soins qu'il avait donnés à sa bête,
225 et principalement de l'activité qu'il venait de déployer pendant
la journée du sauvetage.

C'est la mule qui fut désappointée le lendemain !

« Ah ! le bandit ! il s'est douté de quelque chose !...
pensait-elle en secouant ses grelots avec fureur... Mais c'est égal,
230 va, mauvais ; tu le retrouveras au retour, ton coup de sabot...
je te le garde ! »

Et elle le lui garda.

Après le départ de Tistet, la mule du Pape retrouva son train
de vie tranquille et ses allures d'autrefois. Plus de Quiquet,
235 plus de Béluguet à l'écurie. Les beaux jours du vin à la française
étaient revenus, et avec eux la bonne humeur, les longues
siestes, et le petit pas de gavotte quand elle passait sur le pont
d'Avignon. Pourtant, depuis son aventure, on lui marquait
toujours un peu de froideur dans la ville. Il y avait des
240 chuchotements sur sa route ; les vieilles gens hochaient la tête,
les enfants riaient en se montrant le clocheton. Le bon Pape
lui-même n'avait plus autant de confiance en son amie, et,
lorsqu'il se laissait aller à faire un petit somme sur son dos,
le dimanche en revenant de la vigne, il gardait toujours cette
245 arrière-pensée : « Si j'allais me réveiller là haut, sur la
plate-forme ! » La mule voyait cela et elle en souffrait, sans
rien dire ; seulement, quand on prononçait le nom de Tistet
Védène devant elle, ses longues oreilles frémissaient, et elle
aiguisait avec un petit rire le fer de ses sabots sur le pavé.
250 Sept ans passèrent ainsi ; puis, au bout de ces sept années,
Tistet Védène revint de la cour de Naples. Son temps n'était
pas encore fini là-bas ; mais il avait appris que le premier
moutardier[55] du Pape venait de mourir subitement en Avignon,
et, comme la place lui semblait bonne, il était arrivé en grande
255 hâte pour se mettre sur les rangs.

Quand cet intrigant de Védène entra dans la salle du palais,
le Saint-Père eut peine à le reconnaître, tant il avait grandi
et pris du corps. Il faut dire aussi que le bon Pape s'était fait
vieux de son côté, et qu'il n'y voyait pas bien sans besicles.

---

54. *La Reine Jeanne* : Jeanne Ire d'Anjou, reine de Naples de 1343 à 1382. Elle vendit
Avignon au Pape pour 80 000 florins ; **55.** *Moutardier* : Jean XXII, pape d'Avignon,
qui raffolait de la moutarde et en mettait dans tous les mets, créa la charge de moutardier
pour un de ses neveux.

260 Tistet ne s'intimida pas.

« Comment ! grand Saint-Père, vous ne me reconnaissez plus ?... C'est moi, Tistet Védène !...

— Védène ?...

— Mais oui, vous savez bien... celui qui portait le vin
265 français à votre mule.

— Ah ! oui... oui... je me rappelle... Un bon petit garçonnet, ce Tistet Védène !... Et maintenant, qu'est-ce qu'il veut de nous ?

— Oh ! peu de chose, grand Saint-Père... Je venais vous
270 demander... À propos, est-ce que vous l'avez toujours votre mule ? Et elle va bien ?... Ah ! tant mieux !... Je venais vous demander la place du premier moutardier qui vient de mourir.

— Premier moutardier, toi !... Mais tu es trop jeune. Quel âge as-tu donc ?

275 — Vingt ans deux mois, illustre pontife, juste cinq ans de plus que votre mule... Ah ! palme de Dieu[56] la brave bête ! Si vous saviez comme je l'aimais cette mule-là !... comme je me suis langui d'elle en Italie !... Est-ce que vous ne me la laisserez pas voir ?

280 — Si, mon enfant, tu la verras, fit le bon Pape tout ému... Et puisque tu l'aimes tant, cette brave bête, je ne veux plus que tu vives loin d'elle. Dès ce jour, je t'attache à ma personne en qualité de premier moutardier... Mes cardinaux crieront, mais tant pis ! j'y suis habitué... Viens nous trouver demain,
285 à la sortie des vêpres, nous te remettrons les insignes de ton grade en présence de notre chapitre, et puis... je te mènerai voir la mule, et tu viendras à la vigne avec nous deux... hé ! hé ! Allons va... »

Si Tistet Védène était content en sortant de la grande salle,
290 avec quelle impatience il attendit la cérémonie du lendemain, je n'ai pas besoin de vous le dire. Pourtant il y avait dans le palais quelqu'un de plus heureux encore et de plus impatient que lui : c'était la mule. Depuis le retour de Védène jusqu'aux Vêpres du jour suivant, la terrible bête ne cessa de se bourrer
295 d'avoine et de tirer au mur avec ses sabots de derrière. Elle aussi se préparait pour la cérémonie...

Et donc, le lendemain, lorsque Vêpres furent dites Tistet Védène fit son entrée dans la cour du palais papal. Tout le haut clergé était là, les cardinaux en robes rouges, l'avocat du

---

56. *Palme de Dieu* : paume de Dieu ; expression vieillie.

300 diable[57] en velours noir, les abbés du couvent avec leurs petites
mitres, les marguilliers[58] de Saint-Agrico, les camails violets
de la maîtrise, le bas clergé aussi, les soldats du Pape en grand
uniforme, les trois confréries de pénitents, les ermites du mont
Ventoux avec leurs mines farouches et le petit clerc qui va
305 derrière en portant la clochette, les frères flagellants nus jusqu'à
la ceinture, les sacristains fleuris en robes de juges, tous, tous,
jusqu'aux donneurs d'eau bénite, et celui qui allume, et celui
qui éteint... Il n'y en avait pas un qui manquât... Ah ! c'était
une belle ordination ! Des cloches, des pétards, du soleil, de
310 la musique, et toujours ces enragés de tambourins qui menaient
la danse, là-bas, sur le pont d'Avignon.

Quand Védène parut au milieu de l'assemblée, sa prestance
et sa belle mine y firent courir un murmure d'admiration.
C'était un magnifique Provençal, mais des blonds, avec de
315 grands cheveux frisés au bout et une petite barbe follette qui
semblait prise aux copeaux de fin métal tombés du burin de
son père, le sculpteur d'or. Le bruit courait que dans cette barbe
blonde les doigts de la reine Jeanne avaient quelquefois joué ;
et le sire de Védène avait bien, en effet, l'air glorieux et le regard
320 distrait des hommes que les reines ont aimés... Ce jour-là, pour
faire honneur à sa nation, il avait remplacé ses vêtements
napolitains par une jaquette bordée de rose à la provençale,
et sur son chaperon tremblait une grande plume d'ibis de
Camargue.

325 Sitôt entré, le premier moutardier salua d'un air galant et
se dirigea vers le haut du perron, où le Pape l'attendait pour
lui remettre les insignes de son grade : la cuiller de buis jaune
et l'habit de safran. La mule était au bas de l'escalier, toute
harnachée et prête à partir pour la vigne... Quand il passa près
330 d'elle, Tistet Védène eut un bon sourire et s'arrêta pour lui
donner deux ou trois petites tapes amicales sur le dos, en
regardant du coin de l'œil si le Pape le voyait. La position
était bonne... La mule prit son élan :

« Tiens ! attrape, bandit ! Voilà sept ans que je te le garde ! »
335 Et elle vous lui détacha un coup de sabot si terrible, si
terrible, que de Pampérigouste même on en vit la fumée, un

---

57. *L'avocat du diable :* dans un procès en canonisation, théologien chargé de plaider
contre celle-ci ; **58.** *Marguilliers :* autrefois membres du conseil chargé d'administrer les
biens d'une paroisse. *Saint-Agrico :* une des églises de la ville, du nom de saint Agricol,
évêque d'Avignon.

tourbillon de fumée blonde où voltigeait une plume d'ibis ; tout ce qui restait de l'infortuné Tistet Védène !...

Les coups de pied de mule ne sont pas aussi foudroyants 340 d'ordinaire ; mais celle-ci était une mule papale ; et puis, pensez donc ! elle le lui gardait depuis sept ans... Il n'y a pas de plus bel exemple de rancune ecclésiastique.

BALLADES EN PROSE

En ouvrant ma porte ce matin, il y avait autour de mon moulin un grand tapis de gelée blanche. L'herbe luisait et craquait comme du verre ; toute la colline grelottait... Pour un jour ma chère Provence s'était déguisée en pays du Nord ;
5 et c'est parmi les pins frangés de givre, les touffes de lavandes épanouies en bouquets de cristal, que j'ai écrit ces deux ballades d'une fantaisie un peu germanique, pendant que la gelée m'envoyait ses étincelles blanches, et que là-haut, dans le ciel clair, de grands triangles de cigognes venues du pays de Henri
10 Heine[59] descendaient vers la Camargue en criant : « Il fait froid... froid... »

I

LA MORT DU DAUPHIN

Le petit Dauphin est malade, le petit Dauphin va mourir[60]. Dans toutes les églises du royaume, le Saint-Sacrement demeure exposé nuit et jour et de grands cierges brûlent pour la guérison
15 de l'enfant royal. Les rues de la vieille résidence sont tristes et silencieuses, les cloches ne sonnent plus, les voitures vont aux pas... Aux abords du palais, les bourgeois curieux regardent, à travers les grilles, des suisses à bedaines dorées qui causent dans les cours d'un air important.
20 Tout le château est en émoi... Des chambellans, des majordomes[61], montent et descendent en courant les escaliers de marbre... Les galeries sont pleines de pages et de courtisans en habits de soie qui vont d'un groupe à l'autre quêter des

---

59. *Henri Heine :* poète allemand, auteur de ballades ; **60.** *Dauphin :* héritier présomptif de la couronne de France. Phrase qui rappelle le célèbre : « Madame se meurt, Madame est morte » de Bossuet ; **61.** *Chambellans :* officiers de cour chargés de garder la chambre du roi ; *majordomes :* chefs des domestiques de la maison du roi.

nouvelles à voix basse. Sur les larges perrons, les dames
25 d'honneur éplorées se font de grandes révérences en essuyant
leurs yeux avec de jolis mouchoirs brodés.

Dans l'Orangerie, il y a nombreuse assemblée de médecins
en robe. On les voit, à travers les vitres, agiter leurs longues
manches noires et incliner doctoralement leurs perruques à
30 marteaux[62]. Le gouverneur et l'écuyer du petit Dauphin se
promènent devant la porte, attendant les décisions de la
Faculté. Des marmitons passent à côté d'eux sans les saluer.
M. l'écuyer[63] jure comme un païen, M. le gouverneur récite
des vers d'Horace[64]... Et pendant ce temps-là, là-bas, du côté
35 des écuries, on entend un long hennissement plaintif. C'est
l'alezan[65] du petit Dauphin que les palefreniers oublient et qui
appelle tristement devant sa mangeoire vide.

Et le roi ! Où est monseigneur le roi ?... Le roi s'est enfermé
tout seul dans une chambre, au bout du château... Les Majestés
40 n'aiment pas qu'on les voit pleurer... Pour la reine, c'est autre
chose... Assise au chevet du petit Dauphin, elle a son beau
visage baigné de larmes, et sanglote bien haut devant tous,
comme ferait une drapière.

Dans sa couchette de dentelle, le petit Dauphin, plus blanc
45 que les coussins sur lesquels il est étendu, repose, les yeux
fermés. On croit qu'il dort ; mais non. Le petit Dauphin ne
dort pas... Il se retourne vers sa mère, et voyant qu'elle pleure,
il lui dit :

« Madame la Reine, pourquoi pleurez-vous ? Est-ce que vous
50 croyez bonnement que je m'en vas[66] mourir ? »

La reine veut répondre. Les sanglots l'empêchent de parler.

« Ne pleurez donc pas, madame la Reine ; vous oubliez que
je suis le Dauphin, et que les Dauphins ne peuvent pas mourir
ainsi... »

55 La reine sanglote encore plus fort, et le petit Dauphin
commence à s'effrayer.

« Holà, dit-il, je ne veux pas que la mort vienne me prendre,
et je saurai bien l'empêcher d'arriver jusqu'ici... Qu'on fasse
venir sur l'heure quarante lansquenets[67] très forts pour monter

---

62. *Perruques à marteaux* : perruques terminées par une longue boucle entre deux
nœuds de ruban noir, époque Louis XV ; **63.** *Écuyer* : officier de cour chargé de
l'administration des écuries ; **64.** *Horace* : poète latin, contemporain de Jules César, il
chanta le loisir et la vie rustique ; **65.** *Alezan* : cheval jaune rougeâtre à la crinière de
même couleur que le poil ; **66.** *Je m'en vas* : je m'en vais, forme vieillie, encore en usage
au XVIIe siècle ; **67.** *Lansquenets* : corps de mercenaires allemands employés en France
lors des guerres d'Italie.

60 la garde autour de notre lit !... Que cent gros canons veillent nuit et jour, mèche allumée, sous nos fenêtres ! Et malheur à la mort, si elle ose s'approcher de nous !... »

Pour complaire à l'enfant royal, la reine fait un signe. Sur l'heure, on entend les gros canons qui roulent dans la cour ; 65 et quarante grands lansquenets, la pertuisane[68] au poing, viennent se ranger autour de la chambre. Ce sont de vieux soudards[69] à moustaches grises. Le petit Dauphin bat des mains en les voyant. Il en reconnaît un et l'appelle :

« Lorrain ! Lorrain ! »

70 Le soudard fait un pas vers le lit :

« Je t'aime bien, mon vieux Lorrain... Fais voir un peu ton grand sabre... Si la mort veut me prendre, il faut la tuer, n'est-ce pas ? »

Lorrain répond :

75 « Oui, monseigneur. »

Et il a deux grosses larmes qui coulent sur ses joues tannées.

À ce moment, l'aumônier s'approche du petit Dauphin et lui parle longtemps à voix basse en lui montrant un crucifix. Le petit Dauphin l'écoute d'un air fort étonné, puis tout à coup 80 l'interrompant :

« Je comprends bien ce que vous me dites, monsieur l'abbé : mais enfin est-ce que mon petit ami Beppo ne pourrait pas mourir à ma place, en lui donnant beaucoup d'argent ?... »

L'aumônier continue à lui parler à voix basse, et le petit 85 Dauphin a l'air de plus en plus étonné.

Quand l'aumônier a fini, le petit Dauphin reprend avec un gros soupir :

« Tout ce que vous me dites là est bien triste, monsieur l'abbé ; mais une chose me console, c'est que là-haut, dans le 90 paradis des étoiles, je vais être encore le Dauphin... Je sais que le bon Dieu est mon cousin et ne peut pas manquer de me traiter selon mon rang. »

Puis il ajoute, en se tournant vers sa mère :

« Qu'on m'apporte mes plus beaux habits, mon pourpoint 95 d'hermine blanche et mes escarpins de velours ! Je veux me faire brave pour les anges et entrer au paradis en costume de Dauphin. »

---

68. *Pertuisane :* variété de lance en usage du XVᵉ au XVIIᵉ siècle ; **69.** *Soudards :* soldats habitués à la guerre.

Une troisième fois, l'aumônier se penche vers le petit Dauphin et lui parle longuement à voix basse... Au milieu de
100 son discours, l'enfant royal l'interrompt avec colère :

« Mais alors, crie-t-il, d'être Dauphin, ce n'est rien du tout ! »

Et, sans vouloir plus rien entendre, le petit Dauphin se tourne vers la muraille, et il pleure amèrement.

II

LE SOUS-PRÉFET
AUX CHAMPS

105 M. le sous-préfet est en tournée. Cocher devant, laquais derrière, la calèche de la sous-préfecture l'emporte majestueuse-ment au concours régional de la Combe-aux-Fées. Pour cette journée mémorable, M. le sous-préfet a mis son bel habit brodé, son petit claque, sa culotte collante à bandes d'argent et son
110 épée de gala à poignée de nacre... Sur ses genoux repose une grande serviette en chagrin gaufré[70] qu'il regarde tristement.

M. le sous-préfet regarde tristement sa serviette en chagrin gaufré : il songe au fameux discours qu'il va falloir prononcer tout à l'heure devant les habitants de la Combe-aux-Fées :
115 « Messieurs et chers administrés... »

Mais il a beau tortiller la soie blonde de ses favoris et répéter vingt fois de suite :

« Messieurs et chers administrés... » la suite du discours ne vient pas.
120 La suite du discours ne vient pas... Il fait si chaud dans cette calèche ! À perte de vue, la route de la Combe-aux-Fées poudroie sous le soleil du Midi... L'air est embrasé... et sur les ormeaux du bord du chemin, tout couverts de poussière blanche, des milliers de cigales se répondent d'un arbre à
125 l'autre... Tout à coup M. le sous-préfet tressaille. Là-bas, au

---

70. *Chagrin gaufré :* cuir grenu et travaillé.

pied d'un coteau, il vient d'apercevoir un petit bois de chênes verts qui semble lui faire signe :

Le petit bois de chênes verts semble lui faire signe :

130 « Venez donc par ici, monsieur le sous-préfet ; pour composer votre discours, vous serez beaucoup mieux sous mes arbres... »

M. le sous-préfet est séduit ; il saute à bas de sa calèche et dit à ses gens de l'attendre, qu'il va composer son discours dans le petit bois de chênes verts.

135 Dans le petit bois de chênes verts il y a des oiseaux, des violettes, et des sources sous l'herbe fine... Quand ils ont aperçu M. le sous-préfet avec sa belle culotte et sa serviette en chagrin gaufré, les oiseaux ont eu peur et se sont arrêtés de chanter, les sources n'ont plus osé faire de bruit, et les violettes se sont 140 cachées dans le gazon... Tout ce petit monde-là n'a jamais vu de sous-préfet, et se demande à voix basse quel est ce beau seigneur qui se promène en culotte d'argent.

À voix basse, sous la feuillée, on se demande quel est ce beau seigneur en culotte d'argent... Pendant ce temps-là, 145 M. le sous-préfet, ravi du silence et de la fraîcheur du bois, relève les pans de son habit, pose son claque sur l'herbe et s'assied dans la mousse au pied d'un jeune chêne ; puis il ouvre sur ses genoux sa grande serviette de chagrin gaufré et en tire une large feuille de papier ministre.

150 « C'est un artiste ! dit la fauvette.

— Non, dit le bouvreuil, ce n'est pas un artiste, puisqu'il a une culotte en argent ; c'est plutôt un prince.

— C'est plutôt un prince, dit le bouvreuil.

— Ni un artiste, ni un prince, interrompt un vieux rossignol 155 qui a chanté toute une saison dans les jardins de la sous-préfecture... Je sais ce que c'est : c'est un sous-préfet ! »

Et tout le petit bois va chuchotant :

« C'est un sous-préfet ! c'est un sous-préfet !

— Comme il est chauve ! » remarque une alouette à grande 160 huppe.

Les violettes demandent :

« Est-ce que c'est méchant ?

— Est-ce que c'est méchant ? » demandent les violettes.

Le vieux rossignol répond :

165 « Pas du tout ! »

Et sur cette assurance, les oiseaux se remettent à chanter, les sources à courir, les violettes à embaumer, comme si le

monsieur n'était pas là... Impassible au milieu de tout ce joli tapage, M. le sous-préfet invoque dans son cœur la Muse des
170 comices agricoles, et, le crayon levé, commence à déclamer de sa voix de cérémonie :

« Messieurs et chers administrés...

— Messieurs et chers administrés », dit le sous-préfet de sa voix de cérémonie...

175 Un éclat de rire l'interrompt ; il se retourne et ne voit plus rien qu'un gros pivert qui le regarde en riant, perché sur son claque. Le sous-préfet hausse les épaules et veut continuer son discours ; mais le pivert l'interrompt encore et lui crie de loin :

« À quoi bon ?

180 — Comment ! à quoi bon ? » dit le sous-préfet, qui devient tout rouge ; et, chassant d'un geste cette bête effrontée, il reprend de plus belle :

« Messieurs et chers administrés...

— Messieurs et chers administrés... » a repris le sous-préfet
185 de plus belle.

Mais alors, voilà les petites violettes qui se haussent vers lui sur le bout de leurs tiges et qui lui disent doucement :

« Monsieur le sous-préfet, sentez-vous comme nous sentons bon ? »

190 Et les sources lui font sous la mousse une musique divine ; et dans les branches, au-dessus de sa tête, des tas de fauvettes viennent lui chanter leurs plus jolis airs : et tout le petit bois conspire pour l'empêcher de composer son discours.

Tout le petit bois conspire pour l'empêcher de composer son
195 discours... M. le sous-préfet, grisé de parfums, ivre de musique, essaie vainement de résister au nouveau charme qui l'envahit. Il s'accoude sur l'herbe, dégrafe son bel habit, balbutie encore deux ou trois fois :

« Messieurs et chers administrés... Messieurs et chers admi...
200 Messieurs et chers... »

Puis il envoie les administrés au diable ; et la Muse des comices agricoles n'a plus qu'à se voiler la face.

Voile-toi la face, ô Muse des comices agricoles !... Lorsque, au bout d'une heure, les gens de la sous-préfecture,
205 inquiets de leur maître, sont entrés dans le petit bois, ils ont vu un spectacle qui les a fait reculer d'horreur... M. le sous-préfet était couché sur le ventre, dans l'herbe, débraillé comme un bohème. Il avait mis son habit bas... et, tout en mâchonnant des violettes, M. le sous-préfet faisait des
210 vers.

LES VIEUX

« Une lettre, père Azan[71] ?

— Oui, monsieur... ça vient de Paris. »

Il était tout fier que ça vînt de Paris, ce brave père Azan...
Pas moi. Quelque chose me disait que cette Parisienne de la
5 rue Jean-Jacques, tombant sur ma table à l'improviste et de
si grand matin, allait me faire perdre toute ma journée. Je ne
me trompais pas, voyez plutôt :

*Il faut que tu me rendes un service, mon ami. Tu vas fermer
ton moulin pour un jour et t'en aller tout de suite à Eyguières...*
10 *Eyguières est un gros bourg à trois ou quatre lieues de chez toi,*
— une promenade. En arrivant, tu demanderas le couvent des
Orphelines. La première maison après le couvent est une maison
basse à volets gris avec un jardinet derrière. Tu entreras sans
frapper — la porte est toujours ouverte — et, en entrant, tu
15 *crieras bien fort : « Bonjour, braves gens ! Je suis l'ami de*
Maurice... » *Alors, tu verras deux petits vieux, oh ! mais vieux,*
vieux, archi-vieux, te tendre les bras du fond de leurs grands
fauteuils, et tu les embrasseras de ma part, avec tout ton cœur,
comme s'ils étaient à toi. Puis vous causerez ; ils te parleront
20 *de moi, rien que de moi ; ils te raconteront mille folies que tu*
écouteras sans rire... Tu ne riras pas, hein ?... Ce sont mes
grands-parents, deux êtres dont je suis toute la vie et qui ne
m'ont pas vu depuis dix ans... Dix ans, c'est long ! Mais que
veux-tu ! moi, Paris me tient ; eux, c'est le grand âge... Ils sont
25 *si vieux, s'ils venaient me voir, ils se casseraient en route...*
Heureusement, tu es là-bas, mon cher meunier, et, en
t'embrassant, les pauvres gens croiront m'embrasser un peu
moi-même... Je leur ai si souvent parlé de nous et de cette bonne
amitié dont...

30 Le diable soit de l'amitié ! Justement ce matin-là il faisait
un temps admirable, mais qui ne valait rien pour courir les
routes ; trop de mistral et trop de soleil, une vraie journée de

---

71. *Azan* : déformation de Adam.

Provence. Quand cette maudite lettre arriva, j'avais déjà choisi
mon *cagnard* (abri) entre deux roches, et je rêvais de rester
35 là tout le jour, comme un lézard, à boire de la lumière, en
écoutant chanter les pins... Enfin, que voulez-vous faire ? Je
fermai le moulin en maugréant, je mis la clef sous la chatière[72].
Mon bâton, ma pipe, et me voilà parti.

J'arrivai à Eyguières vers deux heures. Le village était désert,
40 tout le monde aux champs. Dans les ormes du cours, blancs
de poussière, les cigales chantaient comme en pleine Crau. Il
y avait bien sur la place de la mairie un âne qui prenait le
soleil, un vol de pigeons sur la fontaine de l'église, mais
personne pour m'indiquer l'orphelinat. Par bonheur une vieille
45 fée m'apparut tout à coup, accroupie et filant dans l'encoignure
de sa porte ; je lui dis ce que je cherchais ; et comme cette
fée était très puissante, elle n'eut qu'à lever sa quenouille :
aussitôt le couvent des Orphelines se dressa devant moi comme
par magie... C'était une grande maison maussade et noire, toute
50 fière de montrer au-dessus de son portail en ogive une vieille
croix de grès rouge avec un peu de latin autour. À côté de
cette maison, j'en aperçus une autre plus petite. Des volets gris,
le jardin derrière... Je la reconnus tout de suite, et j'entrai sans
frapper.

55 Je reverrai toute ma vie ce long corridor frais et calme, la
muraille peinte en rose, le jardinet qui tremblait au fond à
travers un store de couleur claire, et sur tous les panneaux
des fleurs et des violons fanés. Il me semblait que j'arrivais
chez quelque vieux bailli du temps de Sedaine[73]... Au bout du
60 couloir, sur la gauche, par une porte entrouverte on entendait
le tic-tac d'une grosse horloge et une voix d'enfant, mais
d'enfant à l'école, qui lisait en s'arrêtant à chaque syllabe :
A...LORS... SAINT... I...RÉNÉE... S'ÉCRIA... JE... SUIS...
LE... FRO...MENT... DU SEIGNEUR... IL... FAUT...
65 QUE... JE... SOIS... MOU...LU... PAR... LA... DENT... DE...
CES... A...NI...MAUX... Je m'approchai doucement de cette
porte et je regardai...

Dans le calme et le demi-jour d'une petite chambre, un bon
vieux à pommettes roses, ridé jusqu'au bout des doigts, dormait
70 au fond d'un fauteuil, la bouche ouverte, les mains sur ses
genoux. À ses pieds, une fillette habillée de bleu, — grande

---

72. *Chatière :* trou ménagé au bas d'une porte, pour laisser passer les chats ;
73. *Sedaine :* auteur dramatique du XVIIIe siècle. *Bailli :* officier de l'Ancien Régime qui
rendait la justice.

pèlerine et petit béguin, le costume des orphelines, — lisait
la Vie de saint Irénée[74] dans un livre plus gros qu'elle... Cette
lecture miraculeuse avait opéré sur toute la maison. Le vieux
75 dormait dans son fauteuil, les mouches au plafond, les canaris
dans leur cage, là-bas sur la fenêtre. La grosse horloge ronflait,
tic-tac, tic-tac. Il n'y avait d'éveillé dans toute la chambre
qu'une grande bande de lumière qui tombait droite et blanche
entre les volets clos, pleine d'étincelles vivantes et de valses
80 microscopiques... Au milieu de l'assoupissement général,
l'enfant continuait sa lecture d'un air grave : AUS... SI... TÔT...
DEUX... LIONS... SE... PRÉ... CI... PI... TÈ... RENT...
SUR... LUI... ET... LE... DÉ... VO... RÈ... RENT... C'est à
ce moment que j'entrai... Les lions de saint Irénée se précipitant
85 dans la chambre n'y auraient pas produit plus de stupeur que
moi. Un vrai coup de théâtre ! La petite pousse un cri, le gros
livre tombe, les canaris, les mouches se réveillent, la pendule
sonne, le vieux se dresse en sursaut, tout effaré, et moi-même,
un peu troublé, je m'arrête sur le seuil en criant bien fort :
90   « Bonjour, braves gens ! Je suis l'ami de Maurice. »
    Oh ! alors, si vous l'aviez vu, le pauvre vieux, si vous l'aviez
vu venir vers moi les bras tendus, m'embrasser, me serrer les
mains, courir égaré dans la chambre, en faisant :
    « Mon Dieu ! mon Dieu !... »
95   Toutes les rides de son visage riaient. Il était rouge. Il
bégayait :
    « Ah ! monsieur... ah ! monsieur... »
    Puis il allait vers le fond en appelant :
    « Mamette ! »
100   Une porte qui s'ouvre, un trot de souris dans le couloir...
c'était Mamette. Rien de joli comme cette petite vieille avec
son bonnet à coque[75], sa robe carmélite, et son mouchoir brodé
qu'elle tenait à la main pour me faire honneur, à l'ancienne
mode... Chose attendrissante : ils se ressemblaient. Avec un
105 tour[76] et des coques jaunes, il aurait pu s'appeler Mamette,
lui aussi. Seulement la vraie Mamette avait dû beaucoup pleurer
dans sa vie, et elle était encore plus ridée que l'autre.
Comme l'autre aussi, elle avait près d'elle une enfant de l'orphelinat,
petite garde en pèlerine bleue, qui ne la quittait jamais ; et de
110 voir ces vieillards protégés par ces orphelines, c'était ce qu'on
peut imaginer de plus touchant.

---

74. *Saint Irénée :* évêque de Lyon du IIIᵉ siècle, martyr ; **75.** *Bonnet à coque :* bonnet
à gros nœud bouffant ; **76.** *Tour :* cheveux postiches retenus par un cordon.

En entrant, Mamette avait commencé par me faire une grande révérence, mais d'un mot le vieux lui coupa sa révérence en deux :

115 « C'est l'ami de Maurice... »

Aussitôt la voilà qui tremble, qui pleure, perd son mouchoir, qui devient rouge, toute rouge, encore plus rouge que lui... Ces vieux ! ça n'a qu'une goutte de sang dans les veines, et à la moindre émotion elle leur saute au visage...

120 « Vite, vite, une chaise... dit la vieille à sa petite.
— Ouvre les volets... » crie le vieux à la sienne.

Et, me prenant chacun par une main, ils m'emmenèrent en trottinant jusqu'à la fenêtre, qu'on a ouverte toute grande pour mieux me voir. On approche les fauteuils, je m'installe entre 125 les deux sur un pliant, les petites bleues derrière nous, et l'interrogatoire commence :

« Comment va-t-il ? Qu'est-ce qu'il fait ? Pourquoi ne vient-il pas ? Est-ce qu'il est content ?... »

Et patati ! et patata ! Comme cela pendant des heures.

130 Moi, je répondais de mon mieux à toutes leurs questions, donnant sur mon ami les détails que je savais, inventant effrontément ceux que je ne savais pas, me gardant surtout d'avouer que je n'avais jamais remarqué si ses fenêtres fermaient bien ou de quelle couleur était le papier de sa 135 chambre.

« Le papier de sa chambre !... Il est bleu, madame, bleu clair, avec des guirlandes...

— Vraiment ? » faisait la pauvre vieille attendrie ; et elle ajoutait en se tournant vers son mari : « C'est un si brave 140 enfant !

— Oh ! oui, c'est un brave enfant ! » reprenait l'autre avec enthousiasme.

Et, tout le temps que je parlais, c'étaient entre eux des hochements de tête, de petits rires fins, des clignements d'yeux, 145 des airs entendus, ou bien encore, le vieux qui se rapprochait pour me dire :

« Parlez plus fort... Elle a l'oreille un peu dure. »

Et elle de son côté :

« Un peu plus haut, je vous prie !... Il n'entend pas très 150 bien... »

Alors j'élevais la voix ; et tous deux me remerciaient d'un sourire ; et dans ces sourires fanés qui se penchaient vers moi, cherchant jusqu'au fond de mes yeux l'image de leur Maurice,

moi, j'étais tout ému de la retrouver cette image vague, voilée,
155 presque insaisissable, comme si je voyais mon ami me sourire,
très loin, dans un brouillard.

★

Tout à coup le vieux se dresse sur son fauteuil :
« Mais j'y pense, Mamette... il n'a peut-être pas déjeuné ! »
Et Mamette, effarée, les bras au ciel :
160 « Pas déjeuné !... Grand Dieu ! »
Je croyais qu'il s'agissait encore de Maurice, et j'allais
répondre que ce brave enfant n'attendait jamais plus tard que
midi pour se mettre à table. Mais non, c'était bien de moi qu'on
parlait ; et il faut voir quel branle-bas quand j'avouai que j'étais
165 encore à jeun :
« Vite le couvert, petites bleues ! La table au milieu de la
chambre, la nappe du dimanche, les assiettes à fleurs. Et ne
rions pas tant, s'il vous plaît ! et dépêchons-nous... »
Je crois bien qu'elles se dépêchaient. À peine le temps de
170 casser trois assiettès, le déjeuner se trouva servi.
« Un bon petit déjeuner ! me disait Mamette en me
conduisant à table ; seulement vous serez tout seul... Nous
autres, nous avons déjà mangé ce matin. »
Ces pauvres vieux ! à quelque heure qu'on les prenne, ils ont
175 toujours mangé le matin.
Le bon petit déjeuner de Mamette, c'était deux doigts de
lait, des dattes et une *barquette*[77], quelque chose comme un
échaudé ; de quoi la nourrir elle et ses canaris au moins pendant
huit jours... Et dire qu'à moi seul je vins à bout de toutes ces
180 provisions !... Aussi quelle indignation autour de la table !
Comme les petites bleues chuchotaient en se poussant du coude,
et là-bas, au fond de leur cage, comme les canaris avaient l'air
de se dire : « Oh ! ce monsieur qui mange toute la *barquette* ! »
Je la mangeai toute, en effet, et presque sans m'en apercevoir,
185 occupé que j'étais à regarder autour de moi dans cette chambre
claire et paisible où flottait comme une odeur de choses
anciennes... Il y avait surtout deux petits lits dont je ne pouvais
pas détacher mes yeux. Ces lits, presque des berceaux, je me
les figurais le matin, au petit jour, quand ils sont encore enfouis
190 sous leurs grands rideaux à franges. Trois heures sonnent. C'est
l'heure où tous les vieux se réveillent :

---

77. *Barquette* : craquelin, sorte de pâtisserie croustillante en forme de barque.

« Tu dors, Mamette ?

— Non, mon ami.

— N'est-ce pas que Maurice est un brave enfant ?

195   — Oh ! oui, c'est un brave enfant. »

Et j'imaginais comme cela toute une causerie, rien que pour avoir vu ces deux petits lits de vieux, dressés l'un à côté de l'autre...

Pendant ce temps, un drame terrible se passait à l'autre bout
200 de la chambre, devant l'armoire. Il s'agissait d'atteindre là-haut, sur le dernier rayon, certain bocal de cerises à l'eau-de-vie qui attendait Maurice depuis dix ans et dont on voulait me faire l'ouverture. Malgré les supplications de Mamette, le vieux avait tenu à aller chercher ses cerises
205 lui-même ; et, monté sur une chaise au grand effroi de sa femme, il essayait d'arriver là-haut... Vous voyez le tableau d'ici, le vieux qui tremble et qui se hisse, les petites bleues cramponnées à sa chaise, Mamette derrière lui haletante, les bras tendus, et sur tout cela un léger parfum de bergamote qui s'exhale de
210 l'armoire ouverte et des grandes piles de linge roux... C'était charmant.

Enfin, après bien des efforts, on parvint à le tirer de l'armoire, ce fameux bocal, et avec lui une vieille timbale d'argent toute bosselée, la timbale de Maurice quand il était petit. On me
215 la remplit de cerises jusqu'au bord ; Maurice les aimait tant, les cerises ! Et tout en me servant, le vieux me disait à l'oreille d'un air de gourmandise :

« Vous êtes bien heureux, vous, de pouvoir en manger !... C'est ma femme qui les a faites... Vous allez goûter quelque
220 chose de bon. »

Hélas ! sa femme les avait faites, mais elle avait oublié de les sucrer. Que voulez-vous ! on devient distrait en vieillissant. Elles étaient atroces, vos cerises, ma pauvre Mamette... Mais cela ne m'empêcha pas de les manger jusqu'au bout, sans
225 sourciller.

★

Le repas terminé, je me levai pour prendre congé de mes hôtes. Ils auraient bien voulu me garder encore un peu pour causer du brave enfant, mais le jour baissait, le moulin était loin, il fallait partir.
230   Le vieux s'était levé en même temps que moi.

« Mamette, mon habit !... Je veux le conduire jusqu'à la place. »

Bien sûr qu'au fond d'elle-même, Mamette trouvait qu'il faisait déjà un peu frais pour me conduire jusqu'à la place ;
235 mais elle n'en laissa rien paraître. Seulement, pendant qu'elle l'aidait à passer les manches de son habit, un bel habit tabac d'Espagne à boutons de nacre, j'entendais la chère créature qui lui disait doucement :

« Tu ne rentreras pas trop tard, n'est-ce pas ? »
240 Et lui, d'un petit air malin :

« Hé ! Hé !... je ne sais pas... peut-être... »

Là-dessus, ils se regardaient en riant, et les petites bleues riaient de les voir rire, et dans leur coin les canaris riaient aussi à leur manière... Entre nous, je crois que l'odeur des cerises
245 les avait tous un peu grisés.

... La nuit tombait, quand nous sortîmes, le grand-père et moi. La petite bleue nous suivait de loin pour le ramener ; mais lui ne la voyait pas, il était tout fier de marcher à mon bras, comme un homme. Mamette, rayonnante, voyait cela du pas
250 de sa porte, et elle avait en nous regardant de jolis hochements de tête qui semblaient dire : « Tout de même, mon pauvre homme !... il marche encore. »

Giraudon.

ALPHONSE DAUDET ET SA FILLE PAR EUGÈNE CARRIÈRE.

LE PHARE DES SANGUINAIRES

Cette nuit je n'ai pas pu dormir. Le mistral était en colère, et les éclats de sa grande voix m'ont tenu éveillé jusqu'au matin. Balançant lourdement ses ailes mutilées qui sifflaient à la bise comme les agrès d'un navire, tout le moulin craquait. Des tuiles
5 s'envolaient de sa toiture en déroute. Au loin, les pins serrés dont la colline est couverte s'agitaient et bruissaient dans l'ombre. On se serait cru en pleine mer...

Cela m'a appelé tout à fait mes belles insomnies d'il y a trois ans, quand j'habitais le phare des Sanguinaires, là-bas, sur la
10 côte corse, à l'entrée du golfe d'Ajaccio.

Encore un joli coin que j'avais trouvé là pour rêver et pour être seul.

Figurez-vous une île rougeâtre et d'aspect farouche ; le phare à une pointe, à l'autre une vieille tour génoise où, de mon temps,
15 logeait un aigle. En bas, au bord de l'eau, un lazaret[78] en ruine, envahi de partout par les herbes ; puis des ravins, des maquis, de grandes roches, quelques chèvres sauvages, de petits chevaux corses gambadant la crinière au vent ; enfin là-haut, tout en haut, dans un tourbillon d'oiseaux de mer, la maison du phare,
20 avec sa plate-forme en maçonnerie blanche, où les gardiens se promènent de long en large, la porte verte en ogive, la petite tour de fonte, et au-dessus la grosse lanterne à facettes qui flambe au soleil et fait de la lumière même pendant le jour... Voilà l'île des Sanguinaires, comme je l'ai revue cette nuit, en
25 entendant ronfler mes pins. C'était dans cette île enchantée qu'avant d'avoir un moulin j'allais m'enfermer quelquefois, lorsque j'avais besoin de grand air et de solitude.

Ce que je faisais ?

Ce que je fais ici, moins encore. Quand le mistral ou la
30 tramontane ne soufflaient pas trop fort, je venais me mettre entre deux roches au ras de l'eau, au milieu des goélands, des merles, des hirondelles, et j'y restais presque tout le jour dans cette espèce de stupeur et d'accablement délicieux que donne

---

78. *Lazaret :* hôpital isolé destiné aux marins et passagers contagieux.

la contemplation de la mer. Vous connaissez, n'est-ce pas, cette
35 jolie griserie de l'âme ? On ne pense pas, on ne rêve pas non
plus. Tout votre être vous échappe, s'envole, s'éparpille. On
est la mouette qui plonge, la poussière d'écume qui flotte au
soleil entre deux vagues, la fumée blanche de ce paquebot qui
s'éloigne, ce petit coralleur à voile rouge, cette perle d'eau,
40 ce flocon de brume, tout excepté soi-même... Oh ! que j'en ai
passé dans mon île de ces belles heures de demi-sommeil et
d'éparpillement !...

Les jours de grand vent, le bord de l'eau n'étant pas tenable,
je m'enfermais dans la cour du lazaret, une petit cour
45 mélancolique, tout embaumée de romarin et d'absinthe
sauvage, et là, blotti contre un pan de vieux mur, je me laissais
envahir doucement par le vague parfum d'abandon et de
tristesse qui flottait avec le soleil dans les logettes de pierre,
ouvertes tout autour comme d'anciennes tombes. De temps en
50 temps un battement de porte, un bond léger dans l'herbe...
C'était une chèvre qui venait brouter à l'abri du vent. En me
voyant, elle s'arrêtait interdite, et restait planté devant moi,
l'air vif, la corne haute, me regardant d'un œil enfantin...

Vers cinq heures, le porte-voix des gardiens m'appelait pour
55 dîner. Je prenais alors un petit sentier dans le maquis grimpant
à pic au-dessus de la mer, et je revenais lentement vers le phare,
me retournant à chaque pas sur cet immense horizon d'eau
et de lumière qui semblait s'élargir à mesure que je montais.

★

Là-haut, c'était charmant. Je vois encore cette belle salle à
60 manger à larges dalles, à lambris de chêne, la bouillabaisse
fumant au milieu, la porte grande ouverte sur la terrasse
blanche et tout le couchant qui entrait... Les gardiens étaient
là, m'attendant pour se mettre à table. Il y en avait trois, un
Marseillais et deux Corses, tous trois petits, barbus, le même
65 visage tanné, crevassé, le même *pelone* (caban) en poils de
chèvre, mais d'allure et d'humeur entièrement opposées.

À la façon de vivre de ces gens, on sentait tout de suite la
différence entre deux races. Le Marseillais industrieux et vif,
toujours affairé, toujours en mouvement, courait l'île du matin
70 au soir, jardinant, bêchant, ramassant des œufs de *gouailles*[79],
s'embusquant dans le maquis pour traire une chèvre au

---

79. *Gouailles* : mouettes.

passage ; et toujours quelque aïoli ou quelque bouillabaisse en train.

Les Corses, eux, en dehors de leur service, ne s'occupaient
75 absolument de rien ; ils se considéraient comme des fonction-
naires, et passaient toutes leurs journées dans la cuisine à jouer
d'interminables parties de *scopa*[80], ne s'interrompant que pour
rallumer leurs pipes d'un air grave et hacher avec des ciseaux,
dans le creux de leurs mains, de grandes feuilles de tabac vert...
80 Du reste, Marseillais et Corses, tous trois de bonnes gens,
simples, naïfs, et pleins de prévenances pour leur hôte, quoique
au fond il dût leur paraître un monsieur bien extraordinaire...

Pensez donc ! venir s'enfermer au phare pour son plaisir !...
Eux qui trouvent les journées si longues, et qui sont si heureux
85 quand c'est leur tour d'aller à terre. Dans la belle saison, ce
grand bonheur leur arrive tous les six mois. Dix jours de terre
pour trente jours de phare, voilà le règlement ; mais avec l'hiver
et les gros temps, il n'y a plus de règlement qui tienne. Le
vent souffle, la vague monte, les Sanguinaires sont blanches
90 d'écume, et les gardiens de service restent bloqués deux ou trois
mois de suite, quelquefois même dans de terribles situations.

« Voici ce qui m'est arrivé, à moi, monsieur, — me contait
un jour le vieux Bartoli, pendant que nous dînions, — voici
ce qui m'est arrivé il y a cinq ans, à cette même table où nous
95 sommes, un soir d'hiver, comme maintenant. Ce soir-là, nous
n'étions que deux dans le phare, moi et un camarade qu'on
appelait Tchéco... Les autres étaient à terre, malades, en congé,
je ne sais plus... Nous finissions de dîner, bien tranquilles...
Tout à coup, voilà mon camarade qui s'arrête de manger,
100 regarde un moment avec de drôles d'yeux, et pouf ! tombe sur
la table, les bras en avant. Je vais à lui, je le secoue, je l'appelle :

« — Oh ! Tché !... Oh ! Tché !... »

Rien, il était mort... Vous jugez quelle émotion. Je restai
plus d'une heure stupide et tremblant devant ce cadavre, puis,
105 subitement cette idée me vient : « Et le phare ! » Je n'eus
que le temps de monter dans la lanterne et d'allumer. La nuit
était déjà là... Quelle nuit, monsieur ! La mer, le vent n'avaient
plus leurs voix naturelles. À tout moment il me semblait que
quelqu'un m'appelait dans l'escalier. Avec cela une fièvre, une
110 soif ! Mais vous ne m'auriez pas fait descendre... j'avais trop
peur du mort. Pourtant, au petit jour, le courage me revint

---

80. *Scopa :* jeu de cartes d'origine italienne.

un peu. Je portai mon camarade sur son lit ; un drap dessus,
un bout de prière, et puis vite aux signaux d'alarme.

115 « Malheureusement, la mer était trop grosse ; j'eus beau
appeler, appeler, personne ne vint... Me voilà seul dans le phare
avec mon pauvre Tchéco, et Dieu sait pour combien de temps...
J'espérais pouvoir le garder près de moi jusqu'à l'arrivée du
bateau ! mais au bout de trois jours ce n'était plus possible...
Comment faire ? le porter dehors ? l'enterrer ? La roche était
120 trop dure, et il y a tant de corbeaux dans l'île. C'était pitié
de leur abandonner ce chrétien. Alors je songeai à le descendre
dans une des logettes du lazaret... Ça me prit tout un
après-midi, cette triste corvée-là, et je vous réponds qu'il m'en
fallut, du courage. Tenez ! monsieur, encore aujourd'hui, quand
125 je descends ce côté de l'île par un après-midi de grand vent,
il me semble que j'ai toujours le mort sur les épaules... »

Pauvre vieux Bartoli ! la sueur lui en coulait sur le front,
rien que d'y penser.

★

Nos repas se passaient ainsi à causer longuement : le phare,
130 la mer, des récits de naufrages, des histoires de bandits corses...
Puis, le jour tombant, le gardien du premier quart allumait
sa petite lampe, prenait sa pipe, sa gourde, un gros Plutarque[81]
à tranche rouge, toute la bibliothèque des Sanguinaires, et
disparaissait par le fond. Au bout d'un moment, c'était dans
135 tout le phare un fracas de chaînes, de poulies, de gros poids
d'horloges qu'on remontait.

Moi, pendant ce temps, j'allais m'asseoir dehors sur la
terrasse. Le soleil, déjà très bas, descendait vers l'eau de plus
en plus vite, entraînant tout l'horizon après lui. Le vent
140 fraîchissait, l'île devenait violette. Dans le ciel, près de moi,
un gros oiseau passait lourdement : c'était l'aigle de la tour
génoise qui rentrait... Peu à peu la brume de mer montait.
Bientôt on ne voyait plus que l'ourlet blanc de l'écume autour
de l'île... Tout à coup, au-dessus de ma tête, jaillissait un grand
145 flot de lumière douce. Le phare était allumé. Laissant toute
l'île dans l'ombre, le clair rayon allait tomber au large sur la
mer, et j'étais là perdu dans la nuit, sous ces grandes ondes
lumineuses qui m'éclaboussaient à peine en passant... Mais le

---

81. *Plutarque :* historien grec (1ᵉʳ siècle après J.-C.), auteur des *Vies parallèles des hommes illustres.*

vent fraîchissait encore. Il fallait rentrer. À tâtons, je fermais
150 la grosse porte, j'assurais les barres de fer ; puis, toujours
tâtonnant, je prenais un petit escalier de fonte qui tremblait
et sonnait sous mes pas, et j'arrivais au sommet du phare. Ici,
par exemple, il y en avait de la lumière.

Imaginez une lampe Carcel[82] gigantesque à six rangs de
155 mèches, autour de laquelle pivotent lentement les parois de
la lanterne, les unes remplies par une énorme lentille de cristal,
les autres ouvertes sur un grand vitrage immobile qui met la
flamme à l'abri du vent... En entrant j'étais ébloui. Ces cuivres,
ces étains, ces réflecteurs de métal blanc, ces murs de cristal
160 bombé qui tournaient avec de grands cercles bleuâtres, tout
ce miroitement, tout ce cliquetis de lumières me donnait un
moment de vertige.

Peu à peu, cependant, mes yeux s'y faisaient, et je venais
m'asseoir au pied même de la lampe, à côté du gardien qui
165 lisait son Plutarque à haute voix, de peur de s'endormir.

Au-dehors, le noir, l'abîme. Sur le petit balcon qui tourne
autour du vitrage, le vent court comme un fou, en hurlant.
Le phare craque, la mer ronfle. À la pointe de l'île, sur les
brisants, les lames font comme des coups de canon... Par
170 moments, un doigt invisible frappe aux carreaux : quelque
oiseau de nuit, que la lumière attire, et qui vient se casser la
tête contre le cristal... Dans la lanterne étincelante et chaude,
rien que le crépitement de la flamme, le bruit de l'huile qui
s'égoutte, de la chaîne qui se dévide ; et une voix monotone
175 psalmodiant la vie de Démétrius de Phalère[83]...

★

À minuit, le gardien se levait, jetait un dernier coup d'œil
à ses mèches, et nous descendions. Dans l'escalier on
rencontrait le camarade du second quart qui montait en se
frottant les yeux ; on lui passait la gourde, le Plutarque... Puis,
180 avant de gagner nos lits, nous entrions un moment dans la
chambre du fond, tout encombrée de chaînes, de gros poids,
de réservoirs d'étain, de cordages, et là, à la lueur de sa petite
lampe, le gardien écrivait sur le grand livre du phare, toujours
ouvert :

185 *Minuit. Grosse mer. Tempête. Navire au large.*

---

82. *Lampe Carcel :* lampe à huile ; **83.** *Démétrius de Phalère :* homme d'État de
l'ancienne Grèce dont Plutarque a raconté la vie.

LES DOUANIERS

Le bateau l'*Émilie,* de Porto-Vecchio, à bord duquel j'ai fait ce lugubre voyage aux îles Lavezzi[84], était une vieille embarcation de la douane, à demi pontée, où l'on n'avait pour s'abriter du vent, des lames, de la pluie, qu'un petit rouf[85] 5 goudronné, à peine assez large pour tenir une table et deux couchettes. Aussi il fallait voir nos matelots par le gros temps. Les figures ruisselaient, les vareuses trempées fumaient comme du linge à l'étuve, et en plein hiver les malheureux passaient ainsi des journées entières, même des nuits, accroupis sur leurs 10 bancs mouillés, à grelotter dans cette humidité malsaine ; car on ne pouvait pas allumer de feu à bord, et la rive était souvent difficile à atteindre... Eh bien, pas un de ces hommes ne se plaignait. Par les temps les plus rudes, je leur ai toujours vu la même placidité, la même bonne humeur. Et pourtant, quelle 15 triste vie que celle de ces matelots douaniers !

Presque tous mariés, ayant femme et enfants à terre, ils restent des mois dehors, à louvoyer sur ces côtes si dangereuses. Pour se nourrir, ils n'ont guère que du pain moisi et des oignons sauvages. Jamais de vin, jamais de viande, parce que la viande 20 et le vin coûtent cher et qu'ils ne gagnent que cinq cents francs par an ! Cinq cent francs par an ! Vous pensez si la hutte doit être noire là-bas à la *marine*[86], et si les enfants doivent aller pieds nus !... N'importe ! Tous ces gens-là paraissent contents. Il y avait à l'arrière, devant le rouf, un grand baquet plein d'eau 25 de pluie où l'équipage venait boire, et je me rappelle que, la dernière gorgée finie, chacun de ces pauvres diables secouait son gobelet avec un « Ah ! » de satisfaction, une expression de bien-être à la fois comique et attendrissante.

Le plus gai, le plus satisfait de tous, était un petit Bonifacien 30 hâlé et trapu qu'on appelait Palombo. Celui-là ne faisait que chanter, même dans les plus gros temps. Quand la lame devenait lourde, quand le ciel assombri et bas se remplissait de grésil, et qu'on était là tous, le nez en l'air, la main sur

---

84. *Îles Lavezzi :* îlots rocheux dans le détroit de Bonifacio, qui sépare la Corse de la Sardaigne ; **85.** *Rouf :* abri sur le pont supérieur d'un bateau ; **86.** *Marine :* port, partie côtière.

l'écoute[87], à guetter le coup de vent qui allait venir, alors, dans
35 le grand silence et l'anxiété du bord, la voix tranquille de
Palombo commençait :

> *Non, monseigneur,*
> *C'est trop d'honneur.*
> *Lisette est sa...age,*
40 > *Reste au villa...age...*

Et la rafale avait beau souffler, faire gémir les agrès, secouer
et inonder la barque, la chanson du douanier allait son train,
balancée comme une mouette à la pointe des vagues.
Quelquefois le vent accompagnait trop fort, on n'entendait plus
45 les paroles ; mais, entre chaque coup de mer, dans le
ruissellement de l'eau qui s'égouttait, le petit refrain revenait
toujours :

> *Lisette est sa...age,*
> *Reste au villa...age.*

50 Un jour, pourtant, qu'il ventait et pleuvait très fort, je ne
l'entendis pas. C'était si extraordinaire, que je sortis la tête du
rouf :

« Eh ! Palombo, on ne chante donc plus ? »

Palombo ne répondit pas. Il était immobile, couché sous son
55 banc. Je m'approchai de lui. Ses dents claquaient ; tout son
corps tremblait de fièvre.

« Il a une *pountoura* », me dirent ses camarades tristement.

Ce qu'ils appellent *pountoura,* c'est un point de côté, une
pleurésie. Ce grand ciel plombé, cette barque ruisselante, ce
60 pauvre fiévreux roulé dans un vieux manteau de caoutchouc
qui luisait sous la pluie comme une peau de phoque, je n'ai
jamais rien vu de plus lugubre. Bientôt le froid, le vent, la
secousse des vagues, aggravèrent son mal. Le délire le prit ;
il fallut aborder.

65 Après beaucoup de temps et d'efforts, nous entrâmes vers
le soir dans un petit port aride et silencieux qu'animait
seulement le vol circulaire de quelques *gouailles*[88]. Tout autour
de la plage montaient de hautes roches escarpées, des maquis
inextricables d'arbustes verts, d'un vert sombre, sans saison.

---

87. *L'écoute :* cordage servant à orienter la voile ; **88.** *Gouailles :* mouettes.

70 En bas, au bord de l'eau, une petite maison blanche à volets
gris : c'était le poste de la douane. Au milieu de ce désert,
cette bâtisse de l'État, numérotée comme une casquette
d'uniforme, avait quelque chose de sinistre. C'est là qu'on
descendit le malheureux Palombo. Triste asile pour un malade !
75 Nous trouvâmes le douanier en train de manger au coin du
feu avec sa femme et ses enfants. Tout ce monde-là vous avait
des mines hâves, jaunes, des yeux agrandis, cerclés de fièvre.
La mère, jeune encore, un nourrisson sur les bras, grelottait
en nous parlant.

80 « C'est un poste terrible, me dit tout bas l'inspecteur. Nous
sommes obligés de renouveler nos douaniers tous les deux ans.
La fièvre de marais les mange... »

Il s'agissait cependant de se procurer un médecin. Il n'y en
avait pas avant Sartène, c'est-à-dire à six ou huit lieues de là.
85 Comment faire ? Nos matelots n'en pouvaient plus ; c'était trop
loin pour envoyer un des enfants. Alors la femme, se penchant
dehors, appela :

« Cecco !... Cecco ! »

Et nous vîmes entrer un grand gars bien découplé, vrai type
90 de braconnier ou de *banditto,* avec son bonnet de laine brune
et son *pelone* en poils de chèvre. En débarquant je l'avais déjà
remarqué, assis devant la porte, sa pipe rouge aux dents, un
fusil entre les jambes ; mais, je ne sais pourquoi, il s'était enfui
à notre approche. Peut-être croyait-il que nous avions des
95 gendarmes avec nous. Quand il entra, la douanière rougit un
peu.

« C'est mon cousin... nous dit-elle. Pas de danger que celui-là
se perde dans le maquis. »

Puis elle lui parla tout bas, en montrant le malade. L'homme
100 s'inclina sans répondre, sortit, siffla son chien, et le voilà parti,
le fusil sur l'épaule, sautant de roche en roche avec ses longues
jambes.

Pendant ce temps-là les enfants, que la présence de
l'inspecteur semblait terrifier, finissaient vite leur dîner de
105 châtaignes et de *brucio* (fromage blanc). Et toujours de l'eau,
rien que de l'eau sur la table ! Pourtant, c'eût été bien bon,
un coup de vin, pour ces petits. Ah ! misère ! Enfin la mère
monta les coucher ; le père, allumant son falot, alla inspecter
la côte, et nous restâmes au coin du feu à veiller notre malade
110 qui s'agitait sur son grabat, comme s'il était encore en pleine
mer, secoué par les lames. Pour calmer un peu sa *pountoura,*

nous faisions chauffer des galets, des briques qu'on lui posait
sur le côté. Une ou deux fois, quand je m'approchai de son
lit, le malheureux me reconnut, et, pour me remercier, me
115 tendit péniblement la main, une grosse main râpeuse et brûlante
comme une de ces briques sorties du feu...

Triste veillée ! Au-dehors, le mauvais temps avait repris avec
la tombée du jour, et c'était un fracas, un roulement, un
jaillissement d'écume, la bataille des roches et de l'eau. De
120 temps en temps, le coup de vent du large parvenait à se glisser
dans la baie et enveloppait notre maison. On le sentait à la
montée subite de la flamme qui éclairait tout à coup les visages
mornes des matelots, groupés autour de la cheminée et
regardant le feu avec cette placidité d'expression que donne
125 l'habitude des grandes étendues et des horizons pareils. Parfois
aussi, Palombo se plaignait doucement. Alors tous les yeux
se tournaient vers le coin obscur où le pauvre camarade était
en train de mourir, loin des siens, sans secours ; les poitrines
se gonflaient et l'on entendait de gros soupirs. C'est tout ce
130 qu'arrachait à ces ouvriers de la mer, patients et doux, le
sentiment de leur propre infortune. Pas de révoltes, pas de
grèves. Un soupir, et rien de plus !... Si, pourtant, je me trompe.
En passant devant moi pour jeter une bourrée au feu, un d'eux
me dit tout bas d'une voix navrée :
135   « Voyez-vous, monsieur... on a quelquefois bien *du* tourment
dans notre métier ! »

LES ÉTOILES

Du temps que je gardais les bêtes sur le Luberon[89], je restais des semaines entières sans voir âme qui vive, seul dans le pâturage avec mon chien Labri et mes ouailles. De temps en temps l'ermite du Mont-de-l'Ure passait par là pour chercher
5 des simples[90] ou bien j'apercevais la face noire de quelque charbonnier du Piémont ; mais c'étaient des gens naïfs, silencieux à force de solitude, ayant perdu le goût de parler et ne sachant rien de ce qui se disait en bas dans les villages et les villes. Aussi, tous les quinze jours, lorsque j'entendais,
10 sur le chemin qui monte, les sonnailles du mulet de notre ferme m'apportant les provisions de quinzaine, et que je voyais apparaître peu à peu, au-dessus de la côte, la tête éveillée du petit *miarro* (garçon de ferme) ou la coiffe rousse de la vieille tante Norade, j'étais vraiment bien heureux. Je me faisais
15 raconter les nouvelles du pays d'en bas, les baptêmes, les mariages ; mais ce qui m'intéressait surtout, c'était de savoir ce que devenait la fille de mes maîtres, notre demoiselle Stéphanette, la plus jolie qu'il y eût à dix lieues à la ronde. Sans avoir l'air d'y prendre trop d'intérêt, je m'informais si
20 elle allait beaucoup aux fêtes, aux veillées, s'il lui venait toujours de nouveaux galants ; et à ceux qui me demanderont ce que ces choses-là pouvaient me faire, à moi pauvre berger de la montagne, je répondrai que j'avais vingt ans et que cette Stéphanette était ce que j'avais vu de plus beau dans ma vie.
25 Or, un dimanche que j'attendais les vivres de quinzaine, il se trouva qu'ils n'arrivèrent que très tard. Le matin je me disais : « C'est la faute de la grand-messe » ; puis vers midi, il vint un gros orage, et je pensai que la mule n'avait pas pu se mettre en route à cause du mauvais état des chemins. Enfin,
30 sur les trois heures, le ciel étant lavé, la montagne luisante d'eau et de soleil, j'entends parmi l'égouttement des feuilles et le débordement des ruisseaux gonflés, les sonnailles de la mule, aussi gaies, aussi alertes qu'un grand carillon de cloches un jour de Pâques. Mais ce n'était pas le petit *miarro*, ni la vieille

---

89. *Le Luberon :* chaîne calcaire de Provence. Le *Grand Luberon* atteint 1 125 mètres. *Mont de l'Ure :* entre Sisteron et le Ventoux ; **90.** *Des simples :* plantes médicinales.

35 Norade qui la conduisait. C'était... devinez qui !... notre
demoiselle, mes enfants ! notre demoiselle en personne, assise
droite entre les sacs d'osier, toute rose de l'air des montagnes
et du rafraîchissement de l'orage.

Le petit était malade, tante Norade en vacances chez ses
40 enfants. La belle Stéphanette m'apprit tout ça, en descendant
de sa mule, et aussi qu'elle arrivait tard parce qu'elle s'était
perdue en route ; mais à la voir si bien endimanchée, avec son
ruban à fleurs, sa jupe brillante et ses dentelles, elle avait plutôt
l'air de s'être attardée à quelque danse que d'avoir cherché son
45 chemin dans les buissons. Ô la mignonne créature ! Mes yeux
ne pouvaient se lasser de la regarder. Il est vrai que je ne l'avais
jamais vue de si près. Quelquefois l'hiver, quand les troupeaux
étaient descendus dans la plaine et que je rentrais le soir à la
ferme pour souper, elle traversait la salle vivement, sans guère
50 parler aux serviteurs, toujours parée et un peu fière... Et
maintenant je l'avais là devant moi, rien que pour moi ;
n'était-ce pas à en perdre la tête ?

Quand elle eut tiré les provisions du panier, Stéphanette se
mit à regarder curieusement autour d'elle. Relevant un peu
55 sa belle jupe du dimanche qui aurait pu s'abîmer, elle entra
dans le *parc*[91], voulut voir le coin où je couchais, la crèche
de paille avec la peau de mouton, ma grande cape accrochée
au mur, ma crosse[92], mon fusil à pierre. Tout cela l'amusait.

« Alors, c'est ici que tu vis, mon pauvre berger ?
60 Comme tu dois t'ennuyer d'être toujours seul ! Qu'est-ce que
tu fais ? À quoi penses-tu ?... »

J'avais envie de répondre : « À vous, maîtresse », et je
n'aurais pas menti ; mais mon trouble était si grand que je ne
pouvais pas seulement trouver une parole. Je crois bien qu'elle
65 s'en apercevait, et que la méchante prenait plaisir à redoubler
mon embarras avec ses malices :

« Et ta bonne amie, berger, est-ce qu'elle monte te voir
quelquefois ?... Ça doit être bien sûr la chèvre d'or, ou cette
fée Estérelle[93] qui ne court qu'à la pointe des montagnes... »
70 Et elle-même, en me parlant, avait bien l'air de la fée
Estérelle, avec le joli rire de sa tête renversée et sa hâte de
s'en aller qui faisait de sa visite une apparition.

---

91. *Parc* : terrain fermé de claies mobiles où l'on fait coucher les moutons pendant
la belle saison ; **92.** *Crosse* : bâton de berger ; **93.** *Estérelle*, fée des monts Estérel auxquels
elle a donné son nom. *Chèvre d'or* : héroïne d'une légende provençale dont Paul Arène
tirera un récit : *la Chèvre d'or*.

« Adieu, berger.

— Salut, maîtresse. »

75 Et la voilà partie, emportant ses corbeilles vides.

Lorsqu'elle disparut dans le sentier en pente, il me semblait que les cailloux, roulant sous les sabots de la mule, me tombaient un à un sur le cœur. Je les entendis longtemps, longtemps ; et jusqu'à la fin du jour je restai comme
80 ensommeillé, n'osant bouger, de peur de faire en aller mon rêve. Vers le soir, comme le fond des vallées commençait à devenir bleu et que les bêtes se serraient en bêlant l'une contre l'autre pour rentrer au *parc,* j'entendis qu'on m'appelait dans la descente, et je vis paraître notre demoiselle, non plus rieuse
85 ainsi que tout à l'heure, mais tremblante de froid, de peur, de mouillure. Il paraît qu'au bas de la côte elle avait trouvé la Sorgue[94] grossie par la pluie d'orage, et qu'en voulant passer à toute force, elle avait risqué de se noyer. Le terrible, c'est qu'à cette heure de nuit il ne fallait plus songer à retourner
90 à la ferme ; car le chemin par la traverse, notre demoiselle n'aurait jamais su s'y retrouver toute seule, et moi je ne pouvais pas quitter le troupeau. Cette idée de passer la nuit sur la montagne la tourmentait beaucoup, surtout à cause de l'inquiétude des siens. Moi, je la rassurais de mon mieux :
95 « En juillet, les nuits sont courtes, maîtresse... Ce n'est qu'un mauvais moment. »

Et j'allumai vite un grand feu pour sécher ses pieds et sa robe toute trempée de l'eau de la Sorgue. Ensuite j'apportai devant elle du lait, des fromageons ; mais la pauvre petite ne
100 songeait ni à se chauffer ni à manger, et de voir les grosses larmes qui montaient dans ses yeux, j'avais envie de pleurer, moi aussi.

Cependant la nuit était venue tout à fait. Il ne restait plus sur la crête des montagnes qu'une poussière de soleil, une
105 vapeur de lumière du côté du couchant. Je voulus que notre demoiselle entrât se reposer dans le *parc.* Ayant étendu sur la paille fraîche une belle peau toute neuve, je lui souhaitai la bonne nuit, et j'allai m'asseoir dehors devant la porte... Dieu m'est témoin que, malgré le feu d'amour qui me brûlait le sang,
110 aucune mauvaise pensée ne me vint ; rien qu'une grande fierté de songer que dans un coin du *parc,* tout près du troupeau curieux qui la regardait dormir, la fille de mes maîtres,

---

94. *Sorgue :* petit affluent du Rhône, qui sort de la fontaine de Vaucluse.

— comme une brebis plus précieuse et plus blanche que toutes les autres, — reposait, confiée à ma garde. Jamais le ciel ne
115 m'avait paru si profond, les étoiles si brillantes... Tout à coup, la claire-voie du *parc* s'ouvrit et la belle Stéphanette parut. Elle ne pouvait pas dormir. Les bêtes faisaient crier la paille en remuant, ou bêlaient dans leurs rêves. Elle aimait mieux venir près du feu. Voyant cela, je lui jetai ma peau de bique sur les
120 épaules, j'activai la flamme, et nous restâmes assis l'un près de l'autre sans parler. Si vous avez jamais passé la nuit à la belle étoile, vous savez qu'à l'heure où nous dormons, un monde mystérieux s'éveille dans la solitude et le silence. Alors les sources chantent bien plus clair, les étangs allument des petites
125 flammes. Tous les esprits de la montagne vont et viennent librement ; et il y a dans l'air des frôlements, des bruits imperceptibles, comme si l'on entendait les branches grandir, l'herbe pousser. Le jour, c'est la vie des êtres ; mais la nuit, c'est la vie des choses. Quand on n'en a pas l'habitude, ça fait
130 peur... Aussi notre demoiselle était toute frissonnante et se serrait contre moi au moindre bruit. Une fois, un cri long, mélancolique, parti de l'étang qui luisait plus bas, monta vers nous en ondulant. Au même instant une belle étoile filante glissa par-dessus nos têtes dans la même direction, comme si cette
135 plainte que nous venions d'entendre portait une lumière avec elle.

« Qu'est-ce que c'est ? me demanda Stéphanette à voix basse

— Une âme qui entre en paradis, maîtresse » ; et je fis le signe de la croix.

140 Elle se signa aussi, et resta un moment la tête en l'air, très recueillie. Puis elle me dit :

« C'est donc vrai, berger, que vous êtes sorciers, vous autres ?

— Nullement, notre demoiselle. Mais ici nous vivons plus
145 près des étoiles, et nous savons ce qui s'y passe mieux que des gens de la plaine. »

Elle regardait toujours en haut, la tête appuyée dans la main, entourée de la peau de mouton comme un petit pâtre céleste :

« Qu'il y en a ! Que c'est beau ! Jamais je n'en avais tant
150 vu... Est-ce que tu sais leurs noms, berger ?

— Mais oui, maîtresse... Tenez ! juste au-dessus de nous, voilà le *Chemin de saint Jacques* (la voie lactée). Il va de France droit sur l'Espagne. C'est saint Jacques de Galice qui l'a tracé pour montrer sa route au brave Charlemagne lorsqu'il faisait

155 la guerre aux Sarrasins. Plus loin, vous avez le *Char des âmes*
(la grande Ourse) avec ses quatre essieux resplendissants. Les
trois étoiles qui vont devant sont les *Trois bêtes,* et cette toute
petite contre la troisième c'est le *Charretier.* Voyez-vous tout
autour de cette pluie d'étoiles qui tombent ? ce sont les âmes
160 dont le bon Dieu ne veut pas chez lui... Un peu plus bas, voici
le *Râteau* ou les *Trois rois* (Orion). C'est ce qui nous sert
d'horloge, à nous autres. Rien qu'en les regardant, je sais
maintenant qu'il est minuit passé. Un peu plus bas, toujours
vers le midi, brille *Jean de Milan*[95], le flambeau des astres
165 (Sirius). Sur cette étoile-là, voici ce que les bergers racontent.
Il paraît qu'une nuit *Jean de Milan,* avec les *Trois rois* et la
Poussinière (la Pléiade), furent invités à la noce d'une étoile
de leurs amies. La *Poussinière,* plus pressée, partit, dit-on, la
première, et prit le chemin haut. Regardez-la, là-haut, tout au
170 fond du ciel. Les *Trois rois* coupèrent plus bas et la
rattrapèrent ; mais ce paresseux de *Jean de Milan,* qui avait
dormi trop tard, resta tout à fait derrière, et furieux, pour les
arrêter, leur jeta son bâton. C'est pourquoi les *Trois rois*
s'appellent aussi le *Bâton de Jean de Milan*... Mais la plus belle
175 de toutes les étoiles, maîtresse, c'est la nôtre, c'est l'*Étoile du
berger,* qui nous éclaire à l'aube quand nous sortons le troupeau,
et aussi le soir quand nous le rentrons. Nous la nommons
encore *Maguelonne,* la belle Maguelonne qui court après *Pierre
de Provence* (Saturne) et se marie avec lui tous les sept ans.
180 — Comment ! berger, il y a donc des mariages d'étoiles ?
— Mais oui, maîtresse. »
Et comme j'essayais de lui expliquer ce que c'était que ces
mariages, je sentis quelque chose de frais et de fin peser
légèrement sur mon épaule. C'était sa tête alourdie de sommeil
185 qui s'appuyait contre moi avec un joli froissement de rubans,
de dentelles et de cheveux ondés. Elle resta ainsi sans bouger
jusqu'au moment où les astres du ciel pâlirent, effacés par le
jour qui montait. Moi, je la regardais dormir, un peu troublé
au fond de mon être, mais saintement protégé par cette claire
190 nuit qui ne m'a jamais donné que de belles pensées. Autour
de nous, les étoiles continuaient leur marche silencieuse, dociles
comme un grand troupeau ; et par moments je me figurais
qu'une de ces étoiles, la plus fine, la plus brillante, ayant perdu
sa route, était venue se poser sur mon épaule pour dormir...

95. *Jean de Milan :* personnage légendaire du Moyen Âge. « Tous les détails d'astronomie
populaire sont traduits de *l'Almanach provençal* qui se publie en Avignon », note d'A. Daudet.

LES TROIS MESSES BASSES

I

Deux dindes truffées, Garrigou ?...

— Oui, mon révérend, deux dindes magnifiques bourrées de truffes. J'en sais quelque chose, puisque c'est moi qui ai aidé à les remplir. On aurait dit que leur peau allait craquer en
5 rôtissant, tellement elle était tendue...

— Jésus-Maria ! moi qui aime tant les truffes !... Donne-moi vite mon surplis[96], Garrigou... Et avec les dindes, qu'est-ce que tu as encore aperçu à la cuisine ?...

— Oh ! toutes sortes de bonnes choses... Depuis midi nous
10 n'avons fait que plumer des faisans, des huppes, des gelinottes, des coqs de bruyère[97]. La plume en volait partout... Puis de l'étang on a apporté des anguilles, des carpes dorées, des truites, des...

— Grosses comment, les truites, Garrigou ?
15 — Grosses comme ça, mon révérend... Énormes !...

— Oh ! Dieu ! il me semble que je les vois... As-tu mis le vin dans les burettes ?

— Oui, mon révérend, j'ai mis le vin dans les burettes... Mais dame ! il ne vaut pas celui que vous boirez tout à l'heure en
20 sortant de la messe de minuit. Si vous voyiez cela dans la salle à manger du château, toutes ces carafes qui flambent, pleines de vins de toutes les couleurs... Et la vaisselle d'argent, les surtouts ciselés, les fleurs, les candélabres !... Jamais il ne se sera vu un réveillon pareil. Monsieur le marquis a invité tous
25 les seigneurs du voisinage. Vous serez au moins quarante à table, sans compter le bailli ni le tabellion[98]... Ah ! vous êtes bien heureux d'en être, mon révérend !... Rien que d'avoir flairé ces belles dindes, l'odeur des truffes me suit partout... Meuh !...

— Allons, allons, mon enfant. Gardons-nous du péché de
30 gourmandise, surtout la nuit de la Nativité... Va bien vite allumer les cierges et sonner le premier coup de la messe ; car

---

96. *Surplis* : courte tunique que revêt le prêtre pour certains services religieux et non pour la messe ; **97.** *Huppes* : passereaux à tête ornée d'une touffe de plumes. *Gelinottes* : poules des bois ; **98.** *Tabellion* : notaire.

voilà que minuit est proche, et il ne faut pas nous mettre en retard... »

Cette conversation se tenait une nuit de Noël de l'an de grâce
35 mil six cent et tant, entre le révérend dom Balaguère, ancien prieur des Barnabites[99], présentement chapelain gagé des sires de Trinquelage, et son petit clerc Garrigou, ou du moins ce qu'il croyait être le petit clerc Garrigou, car vous saurez que le diable, ce soir-là, avait pris la face ronde et les traits indécis
40 du jeune sacristain pour mieux induire le révérend père en tentation et lui faire commettre un épouvantable péché de gourmandise. Donc, pendant que le soi-disant Garrigou (hum ! hum !) faisait à tour de bras carillonner les cloches de la chapelle seigneuriale, le révérend achevait de revêtir sa chasuble
45 dans la petite sacristie du château ; et, l'esprit déjà troublé par toutes ces descriptions gastronomiques, il se répétait à lui-même en s'habillant :

« Des dindes rôties... des carpes dorées... des truites grosses comme ça !... »
50 Dehors, le vent de la nuit soufflait en éparpillant la musique des cloches, et, à mesure, des lumières apparaissaient dans l'ombre aux flancs du mont Ventoux, en haut duquel s'élevaient les vieilles tours de Trinquelage. C'étaient des familles de métayers qui venaient entendre la messe de minuit au château.
55 Ils grimpaient la côte en chantant par groupes de cinq ou six, le père en avant, la lanterne en main, les femmes enveloppées dans leurs grandes mantes brunes où les enfants se serraient et s'abritaient. Malgré l'heure et le froid, tout ce brave peuple marchait allégrement, soutenu par l'idée qu'au sortir de la
60 messe, il y aurait, comme tous les ans, table mise pour eux en bas dans les cuisines. De temps en temps, sur la rude montée, le carrosse d'un seigneur, précédé de porteurs de torches, faisait miroiter ses glaces au clair de lune, ou bien une mule trottait en agitant ses sonnailles, et, à la lueur des falots enveloppés
65 de brume, les métayers reconnaissaient leur bailli et le saluaient au passage :

« Bonsoir, bonsoir, maître Arnoton !
— Bonsoir, bonsoir, mes enfants ! »
La nuit était claire, les étoiles avivées de froid ; la bise piquait,
70 et un fin grésil, glissant sur les vêtements sans les mouiller,

---

99. *Barnabites :* religieux de l'ordre de Saint-Paul. Un prieur est un supérieur de monastère.

gardait fidèlement la tradition des Noëls blancs de neige. Tout
en haut de la côte, le château apparaissait comme le but, avec
sa masse énorme de tours, de pignons, le clocher de sa chapelle
montant dans le ciel bleu-noir, et une foule de petites lumières
75 qui clignotaient, allaient, venaient, s'agitaient à toutes les
fenêtres, et ressemblaient, sur le fond sombre du bâtiment, aux
étincelles courant dans des cendres de papier brûlé... Passé le
pont-levis et la poterne, il fallait, pour se rendre à la chapelle,
traverser la première cour, pleine de carrosses, de valets, de
80 chaises à porteurs, toute claire du feu des torches et de la
flambée des cuisines. On entendait le tintement des tournebro-
ches, le fracas des casseroles, le choc des cristaux et de
l'argenterie remués dans les apprêts d'un repas ; par là-dessus,
une vapeur tiède, qui sentait bon les chairs rôties et les herbes
85 fortes des sauces compliquées, faisait dire aux métayers, comme
au chapelain, comme au bailli, comme à tout le monde :

« Quel bon réveillon nous allons faire après la messe ! »

II

Drelindin din !... Drelindin din !...
C'est la messe de minuit qui commence. Dans la chapelle
90 du château, une cathédrale en miniature, aux arceaux
entrecroisés, aux boiseries de chêne montant jusqu'à hauteur
des murs, les tapisseries ont été tendues, tous les cierges
allumés. Et que de monde ! Et que de toilettes ! Voici d'abord,
assis dans les stalles sculptées qui entourent le chœur, le sire
95 de Trinquelage, en habit de taffetas saumon, et près de lui tous
les nobles seigneurs invités. En face, sur des prie-Dieu garnis
de velours, ont pris place la vieille marquise douairière dans
sa robe de brocart couleur de feu et la jeune dame de
Trinquelage, coiffée d'une haute tour de dentelle gaufrée à la
100 dernière mode de la cour de France. Plus bas on voit, vêtus
de noir avec de vastes perruques en pointe et des visages rasés,
le bailli Thomas Arnoton et le tabellion maître Ambroy, deux
notes graves parmi les soies voyantes et les damas brochés.
Puis viennent les gras majordomes, les pages, les piqueurs, les
105 intendants, dame Barbe, toutes ses clefs pendues sur le côté
à un clavier d'argent fin. Au fond, sur les bancs, c'est le bas
office, les servantes, les métayers avec leurs familles ; et enfin,
là-bas, tout contre la porte qu'ils entrouvrent et referment

discrètement, messieurs les marmitons qui viennent entre deux
110 sauces prendre un petit air de messe et apporter une odeur
de réveillon dans l'église toute en fête et tiède de tant de cierges
allumés.

Est-ce la vue de ces petites barrettes[100] blanches qui donne
des distractions à l'officiant ? Ne serait-ce pas plutôt la sonnette
115 de Garrigou, cette enragée petite sonnette qui s'agite au fond
de l'autel avec une précipitation infernale et semble dire tout
le temps :

« Dépêchons-nous, dépêchons-nous... Plus tôt nous aurons
fini, plus tôt nous serons à table. »

120 Le fait est que chaque fois qu'elle tinte, cette sonnette du
diable, le chapelain oublie sa messe et ne pense plus qu'au
réveillon. Il se figure les cuisiniers en rumeur, les fourneaux
où brûle un feu de forge, la buée qui monte des couvercles
entrouverts, et dans cette buée deux dindes magnifiques
125 bourrées, tendues, marbrées de truffes...

Ou bien encore il voit passer des files de pages portant des
plats enveloppés de vapeurs tentantes, et avec eux il entre dans
la grande salle déjà prête pour le festin. Ô délices ! voilà
l'immense table toute chargée et flamboyante, les paons habillés
130 de leurs plumes, les faisans écartant leurs ailes mordorées, les
flacons couleur de rubis, les pyramides de fruits éclatants parmi
les branches vertes, et ces merveilleux poissons dont parlait
Garrigou (ah ! bien oui, Garrigou !) étalés sur un lit de fenouil,
l'écaille nacrée comme s'ils sortaient de l'eau, avec un bouquet
135 d'herbes odorantes dans leurs narines de monstres. Si vive est
la vision de ces merveilles, qu'il semble à dom Balaguère que
tous ces plats mirifiques sont servis devant lui sur les broderies
de la nappe d'autel, et deux ou trois fois, au lieu de *Dominus
vobiscum !* il se surprend à dire le *Benedicite*[101]. À part ces
140 légères méprises, le digne homme débite son office très
consciencieusement, sans passer une ligne, sans omettre une
génuflexion ; et tout marche assez bien jusqu'à la fin de la
première messe ; car vous savez que le jour de Noël le même
officiant doit célébrer trois messes consécutives.

145 « Et d'une ! » se dit le chapelain avec un soupir de
soulagement ; puis, sans perdre une minute, il fait signe à son
clerc ou celui qu'il croit être son clerc, et...

---

100. *Barrettes :* bonnets aplatis des aides-cuisiniers ; **101.** *Benedicite :* « Bénissez »,
prière qui se fait avant le repas. *Dominus vobiscum :* « le Seigneur soit avec vous »,
formule que l'officiant prononce en se tournant vers les fidèles.

Drelindin din !... Drelindin din !...

C'est la seconde messe qui commence, et avec elle commence
150 aussi le péché de dom Balaguère.

« Vite, vite, dépêchons-nous », lui crie de sa petite voix
aigrelette la sonnette de Garrigou, et cette fois le malheureux
officiant, tout abandonné au démon de gourmandise, se rue
sur le missel et dévore les pages avec l'avidité de son appétit
155 en surexcitation. Frénétiquement il se baisse, se relève, esquisse
les signes de croix, les génuflexions, raccourcit tous ses gestes
pour avoir plus tôt fini. À peine s'il étend ses bras à l'Évangile,
s'il frappe sa poitrine au *Confiteor*[102]. Entre le clerc et lui c'est
à qui bredouillera le plus vite. Versets et répons se précipitent,
160 se bousculent, ce qui prendrait trop de temps, s'achèvent en
murmures incompréhensibles.

Oremus ps... ps... ps...[103]

Mea culpa... pa... pa...

Pareils à des vendangeurs pressés foulant le raisin de la cuve,
165 tous deux barbotent dans le latin de la messe, en envoyant des
éclaboussures de tous les côtés.

Dom... scum !... dit Balaguère.

...Stutuo[104] *!...* répond Garrigou ; et tout le temps la damnée
petite sonnette est là qui tinte à leurs oreilles, comme ces grelots
170 qu'on met aux chevaux de poste pour les faire galoper à la
grande vitesse. Pensez que de ce train-là une messe basse est
vite expédiée.

« Et de deux ! » dit le chapelain tout essoufflé, puis, sans
prendre le temps de respirer, rouge, suant, il dégringole les
175 marches de l'autel et...

Drelindin din !... Drelindin din !...

C'est la troisième messe qui commence. Il n'y a plus que
quelques pas à faire pour arriver à la salle à manger ; mais,
hélas ! à mesure que le réveillon approche, l'infortuné Balaguère
180 se sent pris d'une folie d'impatience et de gourmandise. Sa
vision s'accentue, les carpes dorées, les dindes rôties sont là,
là... Il les touche.. il les... Oh ! Dieu !... Les plats fument, les
vins embaument, et, secouant son grelot enragé, la petite
sonnette lui crie :

---

102. *Confiteor :* « Je confesse », prière prononcée par le prêtre qui se frappe la poitrine
avec les mots *mea culpa, mea culpa, mea maxima culpa :* « C'est ma faute, c'est ma
faute, c'est ma très grande faute » ; **103.** *Oremus :* « Prions » ; autre formule latine ;
104. *Dom... scum... Stutuo :* abréviations de *Dominus vobiscum* et du répons : *Et cum
spiritu tuo :* « Et avec ton esprit ».

185   « Vite, vite, encore plus vite !... »

Mais comment pourrait-il aller plus vite ? Ses lèvres remuent à peine. Il ne prononce plus les mots... À moins de tricher tout à fait le bon Dieu et de lui escamoter sa messe... Et c'est ce qu'il fait, le malheureux !... De tentation en tentation, il
190 commence par sauter un verset, puis deux. Puis l'épître[105] est trop longue, il ne la finit pas, effleure l'Évangile, passe devant le *Credo* sans entrer, saute le *Pater*[106], salue de loin la préface, et par bonds et par élans se précipite ainsi dans la damnation éternelle, toujours suivi de l'infâme Garrigou (*vade retro,*
195 *Satanas*[107] *!*), qui le seconde avec une merveilleuse entente, lui relève sa chasuble, tourne les feuillets deux par deux, bouscule les pupitres, renverse les burettes, et sans cesse secoue la petite sonnette de plus en plus fort, de plus en plus vite.

Il faut voir la figure effarée que font tous les assistants !
200 Obligés de suivre à la mimique du prêtre cette messe dont ils n'entendent pas un mot, les uns se lèvent quand les autres s'agenouillent, s'asseyent quand les autres sont debout ; et toutes les phases de ce singulier office se confondent sur les bancs dans une foule d'attitudes diverses. L'étoile de Noël[108]
205 en route dans les chemins du ciel, là-bas, vers la petite étable, pâlit d'épouvante en voyant cette confusion...

« L'abbé va trop vite... On ne peut pas suivre », murmure la vieille douairière en agitant sa coiffe avec égarement.

Maître Arnoton, ses grandes lunettes d'acier sur le nez,
210 cherche dans son paroissien où diantre on peut bien en être. Mais au fond, tous ces braves gens, qui eux aussi pensent à réveillonner, ne sont pas fâchés que la messe aille ce train de poste[109] ; et quand dom Balaguère, la figure rayonnante, se tourne vers l'assistance en criant de toutes ses forces : *Ite, missa*
215 *est*, il n'y a qu'une voix dans la chapelle pour lui répondre un *Deo gratias*[110] si joyeux, si entraînant, qu'on se croirait déjà à table au premier toast du réveillon.

---

105. *Épître :* ici passage des Épîtres des Apôtres ; **106.** *Pater :* le « Notre Père » du catéchisme, prière enseignée par Jésus à ses disciples. *Credo :*« Je crois », autre prière contenant les articles de la foi catholique ; **107.** *Vade retro, Satanas :* « Arrière, Satan », paroles de Jésus au démon venu le tenter ; **108.** *L'étoile de Noël :* l'étoile qui guida les Rois Mages vers l'étable où naquit Jésus ; **109.** *Train de poste :* si rapidement ; **110.** *Deo gratias :* « Nous rendons grâce à Dieu », formule latine en réponse à l'*Ite, missa est :* « Allez, la messe est dite ».

III

Cinq minutes après, la foule des seigneurs s'asseyait dans la grande salle, le chapelain au milieu d'eux. Le château,
220 illuminé de haut en bas, retentissait de chants, de cris, de rires, de rumeurs ; et le vénérable dom Balaguère plantait sa fourchette dans une aile de gelinotte, noyant le remords de son péché sous des flots de vin du pape et de bons jus de viandes. Tant il but et mangea, le pauvre saint homme, qu'il mourut
225 dans la nuit d'une terrible attaque, sans avoir eu seulement le temps de se repentir ; puis, au matin, il arriva dans le ciel encore tout en rumeur des fêtes de la nuit, et je vous laisse à penser comme il y fut reçu.

« Retire-toi de mes yeux, mauvais chrétien ! lui dit le
230 souverain Juge, notre maître à tous. Ta faute est assez grande pour effacer toute une vie de vertu... Ah ! tu m'as volé une messe de nuit... Eh bien, tu m'en paieras trois cents en place, et tu n'entreras en paradis que quand tu auras célébré dans ta propre chapelle ces trois cents messes de Noël en présence
235 de tous ceux qui ont péché par ta faute et avec toi... »

... Et voilà la vraie légende de dom Balaguère comme on la raconte au pays des olives. Aujourd'hui, le château de Trinquelage n'existe plus, mais la chapelle se tient encore droite tout en haut du mont Ventoux, dans un bouquet de chênes
240 verts. Le vent fait battre sa porte disjointe, l'herbe encombre le seuil ; il y a des nids aux angles de l'autel et dans l'embrasure des hautes croisées dont les vitraux coloriés ont disparu depuis longtemps. Cependant il paraît que tous les ans, à Noël, une lumière surnaturelle erre parmi ces ruines, et qu'en allant aux
245 messes et aux réveillons, les paysans aperçoivent ce spectre de chapelle, éclairé de cierges invisibles qui brûlent au grand air, même sous la neige et le vent. Vous en rirez si vous voulez, mais un vigneron de l'endroit, nommé Garrigue, sans doute un descendant de Garrigou, m'a affirmé qu'un soir de Noël,
250 se trouvant un peu en ribote, ils s'était perdu dans la montagne du côté de Trinquelage ; et voici ce qu'il avait vu... Jusqu'à onze heures, rien. Tout était silencieux, éteint, inanimé. Soudain, vers minuit, un carillon sonna tout en haut du clocher, un vieux, vieux carillon qui avait l'air d'être à dix lieues.
255 Bientôt, dans le chemin qui monte, Garrigue vit trembler des feux, s'agiter des ombres indécises. Sous le porche de la chapelle, on marchait, on chuchotait :

« Bonsoir, maître Arnoton !

— Bonsoir, bonsoir, mes enfants !... »

260 Quand tout le monde fut entré, mon vigneron, qui était très brave, s'approcha doucement et, regardant par la porte cassée, eut un singulier spectacle. Tous ces gens qu'il avait vus passer s'étaient rangés autour du chœur, dans la nef en ruine, comme si les anciens bancs existaient encore. De belles dames en
265 brocart avec des coiffes de dentelle, des seigneurs chamarrés du haut en bas, des paysans en jaquettes fleuries ainsi qu'en avaient nos grands-pères, tous l'air vieux, fané, poussiéreux, fatigué. De temps en temps, des oiseaux de nuit, hôtes habituels de la chapelle, réveillés par toutes ces lumières, venaient rôder
270 autour des cierges dont la flamme montait droite et vague comme si elle avait brûlé derrière une gaze ; et ce qui amusait beaucoup Garrigue, c'était un certain personnage à grandes lunettes d'acier, qui secouait à chaque instant sa haute perruque noire sur laquelle un de ces oiseaux se tenait droit tout empêtré
275 en battant silencieusement des ailes...

Dans le fond, un petit vieillard de taille enfantine, à genoux au milieu du chœur, agitait désespérément une sonnette sans grelot et sans voix, pendant qu'un prêtre, habillé de vieil or, allait, venait devant l'autel, en récitant des oraisons dont on
280 n'entendait pas un mot... Bien sûr c'était dom Balaguère, en train de dire sa troisième messe basse.

DAUDET À SA TABLE DE TRAVAIL.

DOCUMENTATION THÉMATIQUE

1. LES RAPPORTS D'ALPHONSE DAUDET AVEC FRÉDÉRIC MISTRAL

1.1. Nous publions ici la fin de l'une des *Lettres* intitulée *le Poète Mistral* (1866), dans laquelle Daudet célèbre son amitié pour le poète provençal, auteur de l'inoubliable *Mireille* et de *Calendal,* œuvres écrites en « cette belle langue provençale que les reines ont parlée autrefois ». Mistral, que Daudet rencontra en avril 1859 à Paris, devait jouer sur l'avenir du jeune écrivain un rôle capital.

> « Assez de poésie ! dit Mistral en fermant son cahier. Il faut aller voir la fête. »
> Nous sortîmes ; tout le village était dans les rues ; un grand coup de bise avait balayé le ciel, et le ciel reluisait joyeusement sur les toits rouges mouillés de pluie. Nous arrivâmes à temps pour voir rentrer la procession... Ce fut pendant une heure un interminable défilé de pénitents en cagoule, pénitents blancs, pénitents bleus, pénitents gris, confréries de filles voilées, bannières roses à fleurs d'or, grands saints de bois décorés portés à quatre épaules, saintes de faïence coloriées comme des idoles avec de gros bouquets à la main, chapes, ostensoirs, dais de velours vert, crucifix encadrés de soie blanche, tout cela ondulant au vent dans la lumière des cierges et du soleil, au milieu des psaumes, des litanies, et des cloches qui sonnaient à toute volée.
> La procession finie, les saints remisés dans leurs chapelles, nous allâmes voir les taureaux, puis les jeux sur l'aire, les luttes d'hommes, les trois sauts, l'étrangle-chat, le jeu de l'outre, et tout le joli train des fêtes de Provence... La nuit tombait quand nous rentrâmes à Maillane. Sur la place, devant le petit café où Mistral va faire, le soir, sa partie avec son ami Zidore, on avait allumé un grand feu de joie... La farandole s'organisait. Des lanternes de papier découpé s'allumaient partout dans l'ombre ; la jeunesse prenait place ; et bientôt, sur un appel de tambourins, commença autour de la flamme une ronde folle, bruyante, qui devait durer toute la nuit.

★

> Après souper, trop las pour courir encore, nous montâmes dans la chambre de Mistral. C'est une modeste chambre de paysan, avec deux grands lits. Les murs n'ont pas de papier ; les solives du plafond se voient... Il y a quatre ans, lorsque l'Académie donna à l'auteur de *Mireille* le prix de trois mille francs, Mme Mistral eut une idée.

« Si nous faisions tapisser et plafonner ta chambre ? dit-elle à son fils.
— Non ! non ! répondit Mistral... Ça, c'est l'argent des poètes, on n'y touche pas. »

Et la chambre est restée toute nue ; mais tant que l'argent des poètes a duré, ceux qui ont frappé chez Mistral ont toujours trouvé sa bourse ouverte...

J'avais emporté le cahier de *Calendal* dans la chambre et je voulus m'en faire lire encore un passage avant de m'endormir. Mistral choisit l'épisode des faïences. Le voici en quelques mots :

C'est dans un grand repas je ne sais où. On apporte sur la table un magnifique service en faïence de Moustiers. Au fond de chaque assiette, dessiné en bleu dans l'émail, il y a un sujet provençal ; toute l'histoire du pays tient là-dedans. Aussi il faut voir avec quel amour sont décrites ces belles faïences ; une strophe pour chaque assiette, autant de petits poèmes d'un travail naïf et savant, achevés comme un tableautin de Théocrite.

Tandis que Mistral me disait ses vers dans cette belle langue provençale, plus qu'aux trois quarts latine, que les reines ont parlée autrefois et que maintenant nos pâtres seuls comprennent, j'admirais cet homme au-dedans de moi, et, songeant à l'état de ruine où il a trouvé sa langue maternelle et ce qu'il en a fait, je me figurais un de ces vieux palais des princes des Baux comme on en voit dans les Alpilles : plus de toits, plus de balustres aux perrons, plus de vitraux aux fenêtres, le trèfle des ogives cassé, le blason des portes mangé de mousse, des poules picorant dans la cour d'honneur, des porcs vautrés sous les fines colonnettes des galeries, l'âne broutant dans la chapelle où l'herbe pousse, des pigeons venant boire aux grands bénitiers remplis d'eau de pluie, et enfin, parmi ces décombres, deux ou trois familles de paysans qui se sont bâti des huttes dans les flancs du vieux palais.

Puis, voilà qu'un beau jour le fils d'un de ces paysans s'éprend de ces grandes ruines et s'indigne de les voir ainsi profanées ; vite, vite, il chasse le bétail hors de la cour d'honneur ; et, les fées lui venant en aide, à lui tout seul il reconstruit le grand escalier, remet des boiseries aux murs, des vitraux aux fenêtres, relève les tours, redore la salle du trône, et met sur pied le vaste palais d'autre temps, où logèrent des papes et des impératrices.

Ce palais restauré, c'est la langue provençale.

Ce fils de paysan, c'est Mistral.

1.2. Nous donnons ici la lettre de Frédéric Mistral félicitant son ami et en quelque sorte élève de la publication des *Lettres de mon moulin* en librairie, à la fin de l'année 1869. On y remarque les préférences de Mistral et son étonnement devant la mémoire de son ami, en ce qui concerne l'utilisation du fait divers à la source de *l'Arlésienne*.

Mon cher ami,

Ton nouveau livre, *les Lettres de mon moulin,* a toutes les exquises qualités de tes précédentes œuvres ; de plus, il est tout à fait provençal. Tu as résolu avec un merveilleux talent ce problème difficile : écrire le français en provençal. Aussi tu pourrais désormais t'abstenir de signer tes livres : tout le monde les reconnaîtrait à la frappe, comme ces admirables monnaies grecques qui portent la tête de Massilia.

Veux-tu connaître mes préférences ? Maître Cornille, et La Mule du Pape. Maître Cornille surtout est une de tes créations les plus vraies, les plus touchantes. Quel est l'artiste, le poète ou l'honnête homme qui, dans ce joli siècle de démocratie progressiste, n'est pas un peu démoli par les minoteries à vapeur !

Le livre est du reste tout entier à l'honneur du Félibrige et en bonne partie à l'honneur du Mistralet. Cela se paye avec de l'amitié qui ne finit plus. Je n'ai pas osé faire lire à mon neveu (Cadet) — encore moins à sa famille — l'histoire navrante de l'Arlésienne. Tu devais avoir pris des notes, car le fait est raconté comme si tu l'avais vu. Tu es toujours l'adorable Daudet de dix-huit ans (« oh ! ce monsieur qui mange toute la barquette ! »), mais la fine ironie de ton expérience (Bixiou) ne gâte pas du tout ta chanson de poète. Nous avons des gourmets, par ici, qui ne mangent qu'avec du sel les melons de Cavaillon et les figues de Marseille.

Je te prie de saluer de ma part — bien affectueuse — ta femme qui te fait heureux et je t'embrasse comme quand tu viens me voir avec ta trique en bois de myrte.

F. Mistral.
Maillane, 12 décembre 1869.

2. SUR LA MÉTHODE DE TRAVAIL DE DAUDET

2.1. « Un minuscule cahier vert. » Confidence importante sur la façon de travailler de Daudet, le texte ci-dessous, extrait des *Souvenirs d'un homme de lettres,* 1888, p. 43, nous renseigne précisément sur les préoccupations premières d'un écrivain, soucieux de la vie de son « moi » et attaché à la *sensation.*

Le vrai est que, pendant des années et des années dans un minuscule cahier vert que j'ai là devant moi, plein de notes serrées et d'inextricables ratures, sous ce titre générique, LE MIDI, j'ai résumé mon pays de naissance, climat, mœurs, tempérament, l'accent, les gestes, frénésies et ébullitions de notre soleil, et cet ingénu besoin de mentir qui vient d'un excès d'imagination, d'un délire expansif, bavard et bienveillant, si peu semblable au froid mensonge pervers et calculé qu'on rencontre dans le Nord. Ces observations je les ai prises partout, sur moi d'abord qui me sers toujours à moi-même d'unité de mesure, sur les miens, dans ma famille et les souvenirs de ma petite enfance conservés par une étrange mémoire où chaque sensation se marque, se cliche sitôt éprouvée.

Tout noté sur le cahier vert, depuis ces chansons du pays, ces proverbes et locutions où l'instinct d'un peuple se confesse, jusqu'aux cris des vendeuses d'eau fraîche, des marchands de berlingots et d'azeroles de nos fêtes foraines, jusqu'aux geignements de nos maladies que l'imagination grossit et répercute, presque toutes nerveuses, rhumatismales, causées par ce ciel de vent et de flamme qui vous dévore la moelle, met tout l'être en fusion comme une canne à sucre ; noté jusqu'aux crimes du Midi, explosions de passion, de violence ivre, ivre sans boire, qui déroutent, épouvantent la conscience des juges, venus d'un autre climat, éperdus au milieu de ces exagérations, de ces témoignages extravagants qu'ils ne savent pas « mettre au point ».

2.2. « D'après nature. » Tirée de *Trente Ans de Paris,* une précieuse note qui complète la précédente et définit en peu de mots une méthode :

D'après nature !

Je n'eus jamais d'autre méthode de travail. Comme les peintres conservent avec soin des albums de croquis où des silhouettes, des attitudes, un raccourci, un mouvement de bras ont été notés sur le vif, je collectionne depuis trente ans une multitude de petits cahiers sur lesquels les remarques, les pensées n'ont parfois qu'une ligne serrée, de quoi se rappeler un geste, une intonation, développés, agrandis plus tard pour l'harmonie de l'œuvre importante. À Paris, en voyage, à la campagne, ces carnets se sont noircis sans y penser, sans penser même au travail futur qui s'amassait là ; des noms propres s'y rencontrent que quelquefois je n'ai pu changer, trouvant aux noms une physionomie, l'empreinte ressemblante des gens qui les portent.

3. TROIS TEXTES TIRÉS DES *CARNETS INÉDITS*

3.1. AVIGNON ET LE MIDI

Province et Provence. — Les deux Midi. — Fête à Avignon. — Concours régional. Défilé merveilleux de mulets, chargés de grelots, de housses, de sparteries tissées d'or et de soie. Muletiers en blouses brodées, debout sur leurs bêtes, faisant claquer leurs

fouets ; à mesure qu'ils approchent, on disait : « Voilà ceux de
Barbantane ! — Voilà ceux de Cavaillon ! » — et chaque village
jouait avec la mèche de ses fouets une sonnerie différente. — Ça
c'était la Provence, originale, colorée, sentant son fruit — j'étais
chez moi.

— Un monsieur attaché à la Préfecture, en pantalon blanc, bottes
à l'écuyère, habit bleu, monté sur un cheval de louage, allant,
venant, dirigeant la fête, écuyer de manège. — Ça, c'était la
Province, la même partout.

Bien insister sur le côté gai de la race. Ah ! le bon peuple, le brave
peuple !

Il y a deux Midi. Le Midi bourgeois, le Midi paysan. L'un est
comique, l'autre est splendide. *Tartarin* et *l'Arlésienne* sont des
échantillons de ces deux Midi si différents.

3.2. LE PHARE DES SANGUINAIRES

À noter ce cas d'incroyable déveine : Un gardien de phare aux
Sanguinaires, vieux dans le métier, bon serviteur, à la veille de sa
retraite, une nuit, pendant son quart dans la lanterne, sommeille
cinq minutes — pas une de plus, — arrêtant de sa jambe allongée
le mouvement du feu mobile et tournant. Or, juste à cet instant
de la même nuit, R..., l'inspecteur des phares, faisant sur un aviso
de l'État son inspection annuelle, se trouve en vue des Sanguinaires,
s'étonne de trouver un phare fixe, guette, constate, et le lendemain
la chaloupe des ponts et chaussées amène dans l'île un gardien de
rechange et la notification au pauvre vieux de sa mise à pied.
Singulière conjonction dans la nuit, dans l'espace, de ce regard
d'inspecteur et de ce court sommeil de vieillard. — On me racontait
cela au phare des Sanguinaires une nuit que, dans la lanterne, j'avais
arrêté par inadvertance le mécanisme.

3.3. LES DOUANIERS EN CORSE

Accompagné l'Inspecteur des douanes dans une de ses tournées.
Parti d'Ajaccio, tout le tour de la Corse, un mois de mer, plein
d'épisodes et de paysages. Presque toujours les côtes en vue, voyage
à l'antique, à la rame, à la voile, aborder sur quelque plage de Corse
ou de Sardaigne... Quelquefois de grands coups de mer, au large,
et des émotions.

L'équipage se composait de six matelots douaniers, matelots d'élite,
marine de l'État, habiles, il le faut pour mener cette barque
demi-pontée, patients pour recevoir des journées d'eau de pluie...
Je les voyais essuyer leur visage cru et boire un coup d'eau avec
un ah ! de satisfaction comme s'ils buvaient du nectar. — Pas de
quoi boire du vin... 50 francs par mois, huit ou dix enfants... Gais,

cependant... Il y en avait un qui me séduisait, Palombo, bon, empressé, jolie voix, toujours gai, rire naïf, toujours chantant, le temps bas, noir : « Veille aux écoutes ! » — L'inspecteur, ancien marin lui-même, lui disait : « Chante-nous quelque chose. » Il chantait des airs italiens ou pour moi :

> Non, Monseigneur,
> C'est trop d'honneur.
> Lisette est sage,
> Reste au village...

Un jour, après une grande mouillée, je voyais Palombo grelotter. De temps en temps il buvait son coup d'eau. — Puis il se couche sous son banc : *« Una puntura. »* On aborde. Un petit poste de douane. Plage fiévreuse. — Petite maison au milieu des rochers et des maquis. Le douanier jaune. La femme jaune, les enfants, tout cela grelottant. Poste très périlleux. On les change tous les deux ou trois ans. — On couche Palombo... Un médecin à six lieues de là, une espèce de braconnier va le chercher.
Veillée près de Palombo... Un peu de limonade... Du vin chaud... pas de vin... Misère, et pas une plainte... tous réunis au coin du feu, briques qui chauffent. « Ah ! l'on a quelquefois bien du tourment dans notre métier. » Je me sentis pris d'une pitié profonde... Et, pas de grève, pas de plainte... Ah ! peuple de Paris, enfant gâté, que dirais-tu devant ce lit de mort stoïque ?

Après lecture de ces extraits, on se reportera à *la Mule du pape,* au *Phare des Sanguinaires* et aux *Douaniers,* pour une comparaison entre les textes.

4. EXTRAIT
D'*HISTOIRE DE MES LIVRES*

Dans ce texte, où certains éléments de biographie nous aident à mieux lire les *Lettres de mon moulin,* s'exprime la nostalgie des premières images et souvenirs chers au cœur d'Alphonse Daudet.

Souvent aussi ma fantaisie rayonnait en petits voyages autour du moulin. C'était une partie de chasse ou de pêche en Camargue, vers l'étang du Vacarès, parmi les bœufs et les chevaux sauvages librement lâchés dans ce coin de pampas. Un autre jour, j'allais rejoindre mes amis les poètes provençaux, les Félibres. À cette époque, le Félibrige n'était pas encore érigé en institution académique. Nous étions aux premiers jours de l'*Église,* aux heures ferventes et naïves, sans aucun schismes ni rivalités. À cinq ou six bons compagnons, rires d'enfants, dans des barbes d'apôtres, on avait rendez-vous tantôt à Maillane, dans le petit village de Frédéric

Mistral, dont me séparait la dentelle rocheuse des Alpilles ; tantôt à Arles, sur le forum, au milieu d'un grouillement de bouviers et de pâtres venus pour se louer aux gens des *Mas*. On allait aux Aliscamps écouter, couchés dans l'herbe parmi les sarcophages de pierre grise, quelque beau drame de Théodore Aubanel, tandis que l'air vibrait de cigales et que sonnaient ironiquement derrière un rideau d'arbres pâles les coups de marteau des ateliers du P.-L.-M. Après la lecture, un tour sur la Lice pour voir passer sous ses guimpes blanches et sa coiffe en petit casque la fière et coquette Arlésienne pour qui le pauvre Jan s'est tué par amour. D'autres fois, nos rendez-vous se donnaient à la Ville des Baux, cet amas poudreux de ruines, de roches sauvages, de vieux palais écussonnés, s'effritant, branlant au vent comme un nid d'aigle sur la hauteur d'où l'on découvre après des plaines et des plaines, une ligne d'un bleu plus pur, étincelant, qui est la mer. On soupait à l'auberge de Cornille ; et tout le soir, on errait en chantant des vers au milieu des petites ruelles découpées, de murs croulants, de restes d'escaliers, de chapiteaux découronnés, dans une lumière fantômale qui frisait les herbes et les pierres comme d'une neige légère. « Des poètes, *anén !...* » disait maître Cornille... « De ces personnes qui z'aiment à voir les ruines au clair de lune. »

Le Félibrige s'assemblait encore dans les roseaux de l'île de la Barthelasse, en face des remparts d'Avignon et du palais papal, témoin des intrigues, des aventures du petit Vedène. Puis, après un déjeuner dans quelque cabaret de marine, on montait chez le poète Anselme Mathieu à Châteauneuf-des-Papes, fameux par ses vignes qui furent longtemps les plus renommées de Provence. Oh ! le vin des papes, le vin doré, royal, impérial, pontifical, nous le buvions, là-haut sur la côte, en chantant des vers de Mistral, des fragments nouveaux des *Îles d'or*. « En Arles, au temps des fades — florissait — la reine Ponsirade — un rosier... » ou encore la belle chanson de mer : « Le bâtiment vient de Mayorque — avec un chargement d'oranges... » Et l'on pouvait s'y croire à Mayorque, devant ce ciel embrasé, ces pentes de vignobles, étayées de murtins en pierre sèche, parmi les oliviers, les grenadiers, les myrtes. Par les fenêtres ouvertes, les rimes partaient en vibrant comme des abeilles ; et l'on s'envolait derrière elles, des jours entiers, à travers ce joyeux pays du Comtat, courant les *votes* et les ferrades, faisant des haltes dans les bourgs, sous les platanes du Cours et de la Place, et du haut du char à banc qui nous portait, à grand tapage de cris et de gestes, distribuant l'orviétan au peuple assemblé. Notre orviétan, c'étaient des vers provençaux, de beaux vers dans la langue de ces paysans qui comprenaient et acclamaient les strophes de *Mireille*, la *Vénus d'Arles* d'Aubanel, une légende d'Anselme Mathieu ou de Roumanille, et reprenaient en chœur avec nous la chanson du soleil : *Grand soleil de la Provence, — gai compère du mistral, — toi qui siffles la Durance — comme un coup de vin de Crau...* Le tout se terminait par quelque bal improvisé, une farandole, garçons et filles en costumes de travail, et les bouchons sautaient sur les petites tables, et s'il se trouvait une vieille marmoteuse d'oraisons pour critiquer nos gaîtés de libre allure, le beau Mistral, fier comme le roi David, lui disait du haut de sa grandeur : « Laissez, laissez, la mère... les poètes, tout leur est permis... » Et confidentiellement, clignant de l'œil à la vieille qui s'inclinait, respectueuse, éblouie : *« Es nautré qué fasen li saumé...* C'est nous qui faisons les psaumes... »

Et comme c'était bon, après une de ces escapades lyriques, de revenir au moulin se reposer sur l'herbe de la plate-forme, songer au livre que j'écrirais plus tard avec tout cela, un livre où je mettrais le bourdonnement qui me restait aux oreilles de ces chants, de ces rires clairs, de ces féeriques légendes, un reflet aussi de ce soleil vibrant, le parfum de ces collines brûlées, et que je daterais de ma ruine aux ailes mortes.

Les premières *Lettres de mon moulin* ont paru vers *1866* dans un journal parisien où ces chroniques provençales, signées d'abord d'un double pseudonyme emprunté à Balzac « Marie-Gaston », détonnaient avec un goût d'étrangeté. Gaston, c'était mon camarade Paul Arène qui, tout jeune, venait de débuter à l'Odéon par un petit acte étincelant d'esprit, de coloris, et vivait tout près de moi, à l'orée du bois de Meudon. Mais quoique ce parfait écrivain n'eût pas encore à son acquis *Jean des Figues,* ni *Paris ingénu,* ni tant de pages délicates et fermes, il avait déjà trop de vrai talent, une personnalité trop réelle pour se contenter longtemps de cet emploi d'aide-meunier. Je restai donc seul à moudre mes petites histoires, au caprice du vent, de l'heure, dans une existence terriblement agitée. Il y eut des intermittences, des cassures ; puis, je me mariai et j'emmenai ma femme en Provence pour lui montrer mon moulin. Rien n'avait changé là-bas, ni le paysage ni l'accueil. La vieille mère nous serra tous deux tendrement contre son petit châle à carreaux, et l'on fit, à la table des garçons, une petite place pour la *novio.* Elle s'assit à mon côté sur la plate-forme du moulin où la tramontane, voyant venir cette Parisienne ennemie du soleil et du vent, s'amusait à la chiffonner, à la rouler, à l'emporter dans un tourbillon comme la jeune Tarentine de Chénier. Et c'est au retour de ce voyage que, repris par ma Provence, je commençai au *Figaro* une nouvelle série des *Lettres de mon moulin, les Vieux, la Mule du pape, l'Élixir du père Gaucher,* etc., écrits à Champrosay, dans cet atelier d'Eugène Delacroix dont j'ai déjà parlé pour l'histoire de *Jack* et de *Robert Helmont.* Le volume parut chez Hetzel en 1869, se vendit péniblement à deux mille exemplaires, attendant, comme les autres œuvres de mon début, que la vogue des romans leur fît un regain de vente et de publicité. N'importe ! c'est encore là mon livre préféré, non pas au point de vue littéraire, mais parce qu'il me rappelle les plus belles heures de ma jeunesse, rires fous, ivresses sans remords, des visages et des aspects amis que je ne reverrai plus jamais.

Aujourd'hui Montauban est désert. La chère maman est morte, les garçons dispersés, le vin de Châteauneuf rongé jusqu'à la dernière grappe. Où Miracle et Miraclet, Siblet, Mitifio, le Roudéirou ? Si j'allais là-bas, je ne trouverais plus personne. Seulement les pins, me dit-on, ont beaucoup grandi ; et sur leur houle verte scintillante, restauré, rentoilé comme une corvette à flot, mon moulin vire dans le soleil, poète remis au vent, rêveur retourné à la vie.

5. TABLEAU CHRONOLOGIQUE
DE LA PREMIÈRE PUBLICATION DES *LETTRES*

N. B. : a) Les titres en italique ont été ajoutés ou modifiés par Alphonse Daudet dans l'édition en volume. b) Les textes entre crochets n'ont jamais été recueillis dans le volume des *Lettres de mon moulin*. c) 1 = 1re édition, Hetzel, 1869 ; 2 = 2^e édition définitive, Lemerre, 1879.

1860 (7.7)   *Le Monde illustré* : l'Homme à la cervelle d'or (première version)

1861 (1.2)   *La Revue nouvelle* : la petite ville (première version de « A Milianah » éd. 1869)

1865 (5.12)   *Le Moniteur universel du soir* : l'Honneur du moulin (première version du « Secret de Maître Cornille »)

L'Événement (1 et 2)

1866 (18.8)   [À Monsieur H. de Villemessant]
   (23.8)   [Il était un petit navire]
   (31.8)   *l'Arlésienne*
    (7.9)   Nostalgies de caserne
   (14.9)   *la Chèvre de M. Seguin*
   (21.9)   *le Poète Mistral*
   (29.9)   *la Légende de l'homme à la cervelle d'or*
   (7.10)   l'Agonie de la « Sémillante »
  (13.10)   *Ballades en prose*
  (20.10)   le Secret de Maître Cornille
  (28.10)   *le Curé de Cucugnan*
   (4.11)   [la Vie et la Mort du Papillon]

Le Figaro (1 et 2)

1868 (16.10) *Installation*
              la Diligence de Beaucaire
  (23.10)   les Vieux
  (30.10)   la Mule du pape
  (17.11)   le Portefeuille de Bixiou

Le Figaro (1 et 2)

1869 (22.8)   le Phare des Sanguinaires
    (25.8)   les Deux Auberges
    (2.10)   l'Élixir du Révérend Père Gaucher

Le Bien public (2)

1873 (11.2)   les Douaniers
    (25.3)   les Sauterelles
    (8.4)   les Étoiles
    (10.6)   les Oranges
(24.6, 8.7)   En Camargue

Contes du lundi, 2ᵉ éd., Charpentier et Cie, 1876 : les Trois Messes basses

JUGEMENTS
SUR « LES LETTRES DE MON MOULIN »

C'est un jeune écrivain assez doué, l'auteur de ces *Lettres de mon moulin*, Alphonse Daudet. Malheureusement, il est tombé dans la bohème et ne fera jamais rien.

> Le peintre Anatole de Beaulieu à Melle Julia Allard,
> future femme d'Alphonse Daudet (cité par Lucien Daudet).

L'homme de l'illusion et de la désillusion.

> Frédéric Mistral.

La main qui a écrit cela, toute petite qu'elle est, peut mieux que caresser voluptueusement les surfaces de la vie, et peser sur le cœur d'un sujet comme la main d'un homme, et le pénétrer — en y pesant. C'est la profondeur, en effet — non pas dans les détails, entendons-nous bien !, mais dans l'*accent* — c'est la profondeur d'impression qui me frappe surtout dans ces lettres écrites d'un moulin.

> Barbey d'Aurevilly,
> au moment de la parution des premières « Lettres »
> (cité par J.-H. Bornecque).

C'étaient pour la plupart des légendes provençales, des fantaisies, des tableaux du Paris moderne, de véritables petits poèmes traités avec un art exquis.

> Émile Zola,
> dans son grand article des *Écrivains naturalistes*.

Tu as résolu avec un merveilleux talent ce problème difficile : écrire le français en provençal. Ainsi tu pourras désormais t'abstenir de signer tes livres : tout le monde les reconnaîtrait à la frappe, comme ces admirables monnaies grecques qui portent la tête de Massilia.

> Lettre de Frédéric Mistral à Alphonse Daudet,
> le 12 décembre 1869.

Sa prose était la plus proche qui fût du frisson.

> Stéphane Mallarmé à Léon Daudet.

Au cœur d'un conteur et d'un peintre se cache déjà, précédant Proust, une sorte de magicien hanté par les rapports mystérieux, complexes, mais nécessaires et pénétrants, de l'espace, des heures, et des êtres. Un musicien de l'éternel dans l'instant [...] Les *Lettres de mon moulin*, au-delà d'une consolation pour les habitants des villes trop « civilisées » et des grisâtres contrées du Nord, apparaissent comme une *visitation* [...] Une visitation fraternelle de la vie multiple qui murmure ses trilles ou chante son hymne sous tous les soleils quotidiens.

J.-H. Bornecque,
Préface aux *Lettres de mon moulin*, 1977.

Il était causeur, c'est presque être conteur ; il était du Midi, c'est le pays où les phrases font des bruits de cigales. Donc il conta délicieusement. *Il conte comme il raconte,* et avec un plaisir évident, souriant, communicatif : c'était sa vocation.

Remy de Gourmont,
Épilogues.

Du conteur, Daudet possède l'art de « donner à voir ». Peu de couleurs dans ses textes ; ce n'était pas un peintre. Il sentait et écoutait plus qu'il ne regardait, peut-être à cause de sa myopie. Lorsqu'il se laisse aller à la description ou au « style », il devient vite laborieux et conventionnel, comme dans certains passages de « En Camargue ». Mais il excelle dans l'art de camper en quelques traits un personnage, d'esquisser un paysage, de croquer une scène en une ou deux lignes, surtout de rendre une atmosphère.

Colette Becker,
Préface aux *Lettres de mon moulin*, Garnier, 1972, p. 26.

Sa compréhension pour les choses les plus humbles et les plus passagères va de pair avec sa passion pour les simples flambées de bonheur. Avidité, don de sympathiser avec tous les milieux, toutes les situations psychologiques, toutes les formes de création [...] Cette âme poreuse, cette puissance de mimétisme, font de Daudet un voyant qui est envahi d'images lorsqu'il crée, et qui *entend* quand il écrit, si bien qu'il nous suggère naturellement *tout,* parce qu'il est lui-même tout ce qu'il décrit.

J.-H. Bornecque,
Préface aux *Lettres*, 1977, p. 32.

Les *Lettres de mon moulin* surtout ne sont tout entières qu'un merveilleux poème. Les mots accourent tout gonflés d'une sensualité chaude qui jette à profusion lignes, volumes, couleurs, parfums et saveurs. Mais toujours sans excès, sans la moindre trace de vulgarité. Ils sont le chant d'une sensibilité vive, mais contrôlée avec mesure, tact, élégance. Tout a voix humaine : le ciel, la terre, les hommes, les animaux, les étoiles. C'est le pur langage d'une sympathie universelle, au rythme sans mollesse, sans mièvrerie. Il y a des larmes dans cette prose, mais le ton reste sans cesse si juste, si naturel, si simple, que le sourire en est victorieux et que, finalement, c'est une fête de sourire, dans le soleil et la lumière de Méditerranée.

Jean-Louis Curtis,
Préface aux *Lettres de mon moulin*, Éd. Rencontre.

QUESTIONS SUR LES TEXTES COMPOSANT LES « LETTRES DE MON MOULIN »

1. AVANT-PROPOS. 1. Après avoir relevé les termes techniques de la langue du droit, opposez-les au reste du vocabulaire que vous caractériserez. Quel effet retire-t-on de ce contraste ? Montrez la fantaisie d'A. Daudet dans cette parodie d'acte notarié.

2. Le « sieur Alphonse Daudet » se livre à des « travaux de poésie » : justifiez cette expression.

2. INSTALLATION. 1. Montrez par quels traits se manifeste la sympathie de Daudet pour les animaux. La place occupée par eux dans ce texte ? Ce « vieux hibou sinistre », à qui vous fait-il songer ?

2. Quel est le ton général de la narration ? Alphonse Daudet ne nous livre-t-il pas ici quelque chose de sa personnalité ?

3. Comparez ce texte à la description donnée du même moulin dans l'histoire du livre des « Lettres de mon moulin » reproduit dans la Documentation thématique.

3. LE SECRET DE MAÎTRE CORNILLE. 1. Derrière les ruses du meunier — que vous énumérerez — ne voit-on pas se dresser une conception traditionnelle de *l'honneur* ? Une telle conception vous paraît-elle encore de mode aujourd'hui ?

2. Quels sentiments manifestent les voisins à l'égard de Maître Cornille ? Avant et après la découverte du « secret » ?

3. Quel est le sentiment du vieux joueur de fifre — et celui de Daudet — devant « l'idée » des Français de Paris d'établir une minoterie à vapeur ? Autrement dit devant le progrès et le modernisme ?

4. Relevez les marques de désolation qui accompagnent l'existence du vieux meunier. Peut-on dire qu'il s'agit d'un drame ?

4. L'ARLÉSIENNE. 1. Étudiez la progression du récit : l'économie des moyens pour aboutir au dénouement final. Comment Daudet procède-t-il pour créer l'atmosphère de mystère au début ? Relevez les faits, les gestes et les paroles qui peignent la douleur.

2. Simple fait divers ou conception pessimiste de l'amour partagée par d'autres romanciers de l'époque ? À quels auteurs songez-vous ?

5. LA CHÈVRE DE M. SEGUIN. 1. Conte ou fable ? Dégagez-en la moralité.

2. Pourquoi M. Seguin ne comprend-il pas sa chèvre ? Analysez le « caractère » de la chèvre.

3. Appréciez l'héroïsme de la petite chèvre. La raison d'être de son attitude ? Donnez des exemples dans la vie des hommes.

4. Dans quelle mesure peut-on comparer « la Chèvre de M. Seguin » à la fable « le Loup et le Chien » de La Fontaine ; au « Petit Chaperon rouge » de Perrault ; à « la Mort du loup » d'Alfred de Vigny ? Marquez, si possible, les différences.

6. LA LÉGENDE DE L'HOMME À LA CERVELLE D'OR. 1. Que faut-il lire derrière cette légende ? Peut-on comparer ce conte au « Pélican » d'Alfred de Musset, à « l'Albatros » de Baudelaire ?

2. Dans quelle mesure peut-on dire que les artistes et les poètes font le sacrifice de leur vie ?

7. LA DILIGENCE DE BEAUCAIRE. 1. Comment est rendu l'étonnement du voyageur parisien ? Ce dernier se borne-t-il à un simple rôle de spectateur dans le drame qui est sur le point de se jouer ?

2. Expliquez la formule : « La haine, c'est la colère des faibles ».

8. LA MULE DU PAPE. 1. La chanson « Sur le pont d'Avignon » n'est-elle pas l'une des sources populaires de ce conte dont vous montrerez l'entrain et l'exceptionnelle gaieté ?

2. Comment l'auteur représente-t-il ici le monde ecclésiastique ? Faut-il voir une fine critique ?

3. Comment Daudet humanise-t-il la mule ?

9. LA MORT DU DAUPHIN. 1. À quelle époque et en quel lieu se passe la scène ?

2. Dégagez l'idée illustrée par ce conte.

3. Qu'est-ce que « vieillir » ? Avez-vous l'impression de ne pouvoir, vous aussi, quitter un royaume ? Quels sont les écrivains qui ont pu exprimer un tel sentiment ?

10. LE SOUS-PRÉFET AUX CHAMPS. 1. L'univers champêtre représenté par A. Daudet. La poésie de ce texte. Comparez avec La Fontaine.

2. Comment A. Daudet a-t-il projeté ici ses goûts d'homme de lettres, ses aspirations les plus profondes ?

11. LES VIEUX. 1. L'émotion et l'humour dans la peinture de ces deux vieillards. Comment Daudet réussit-il à nous donner de la vieillesse une image à la fois attendrissante et charmante ?

12. LE PHARE DES SANGUINAIRES. 1. Dégagez les éléments de pittoresque dans la description des Sanguinaires. Les différences entre les Marseillais et les Corses. L'harmonie soulignée ici entre « le milieu » et « les caractères ».

2. En quoi le récit du vieux Bartoli est-il tragique ?

3. Montrez les ressemblances et les différences entre ce phare et le fameux moulin d'A. Daudet. La part et l'importance du rêve dans sa vie. Le besoin de solitude.

13. LES DOUANIERS. 1. La peinture des *gens de mer* au XIXe siècle. Étudiez leurs conditions de vie. Comment s'exprime la sympathie de Daudet à leur égard ?

2. L'héroïsme et la fatalité. Établissez des comparaisons avec d'autres *Lettres.*

3. Comparez ce texte aux notes prises directement par Daudet dans la Documentation thématique.

14. LES ÉTOILES. 1. Réalisme et poésie. Comment se fait insensiblement le passage au merveilleux ?

2. Cette histoire, bien que rapportée à la première personne, n'a pas été vécue par Daudet. Quels indices le montrent ?

3. Quels sont les rapports sociaux et sentimentaux entre le berger et sa « petite maîtresse » ? Appréciez la qualité du sentiment ; l'harmonie entre la pureté de la nuit et l'élévation du cœur.

15. LES TROIS MESSES BASSES. 1. Montrez la richesse du vocabulaire et, du point de vue historique, la force de l'évocation. En quoi le dialogue du révérend Balaguère et du petit clerc Garrigou est-il comique ?

2. Les diverses tentations de dom Balaguère. De quelle nature sont-elles ? La sympathie de Daudet pour le personnage. Faut-il voir une critique ouverte des gens d'Église ?

3. Comme pour *les Étoiles,* vous étudierez le passage au merveilleux.

SUJETS DE DEVOIRS ET D'EXPOSÉS

● « On sent qu'il joue lui-même ses personnages. Souvent il s'oublie, il leur parle, les gourmande ou les approuve [...] Mais qui songerait à lui reprocher cette exubérance, cette façon d'écrire si vivante que ses amis croient l'entendre et le voir en le lisant ? » Ce jugement porté sur Daudet par Zola dans les *Romanciers naturalistes* ne vous semble-t-il pas caractériser également les *Lettres de mon moulin* ?

● Zola fait l'éloge de Daudet en ces termes : « Ce sera son éternel mérite, cet amour apitoyé des humbles. » Dans quelles *Lettres* s'exprime surtout cet amour ?

● Commentez ce jugement de François Coppée : « Alphonse Daudet est le maître admirable de l'émotion, de la grâce et de l'ironie. »

● Classez les *Lettres de mon moulin* d'après leur source d'inspiration, le genre et le ton du texte. Indiquez vos préférences.

● Alphonse Daudet confiait un jour à son fils aîné : « J'ai la souffrance de l'inexprimable. » Comment entendez-vous une telle formule ?

● Que pensez-vous de cette déclaration sans doute modeste de Daudet : « Je n'ai pas de style. Les gens nés au-delà de la Loire ne savent pas écrire la prose française. » Quelle est la part d'ironie vis-à-vis de lui-même ? Vous semble-t-il au contraire que Daudet possède un style propre ? Essayez de le caractériser dans ses manifestations diverses.

● La langue d'Alphonse Daudet. A-t-elle vieilli ? Conserve-t-elle toujours sa fraîcheur ? Qu'est-ce qui en fait la saveur et le charme ?

● Anatole France reprochait à Daudet d'avoir inventé trop de mots. Ce reproche vous semble-t-il justifié ? N'y a-t-il pas un certain mérite à bousculer ainsi le vocabulaire et la langue ? Citez d'autres écrivains qui ont pris certaines licences avec la langue et enrichi de ce fait nos moyens d'expression, voire nos façons de sentir.

● Outre La Fontaine, à quels auteurs Alphonse Daudet vous fait-il songer ?

● Si vous étiez peintre ou cinéaste, comment représenteriez-vous Alphonse Daudet ?

TABLE DES MATIÈRES

PHOTOCOMPOSITION MAURY - Malesherbes

IMPRIMERIE HÉRISSEY. — 27000 ÉVREUX.
Dépôt légal : Mai 1985. Nº 53453. — Nº de série Éditeur : 15927.
IMPRIMERIE EN FRANCE *(Printed in France)*.
870 195 K - Février 1991.